Abschlussprüfung

Deutsch

Sekundarstufe I
Brandenburg

Erarbeitet von
Marion Höfner, Alexandra Lange
und Viola Tomaszek

Illustriert von
Maja Bohn, Amelie Glienke
und Wiebke Hasselmann

Cornelsen
VOLK UND WISSEN

Inhaltsverzeichnis

Was erwartet dich in der Prüfung?

Liebe Schülerin, lieber Schüler,

dieses Heft hilft dir bei der Vorbereitung auf die schriftliche Abschlussprüfung im Fach Deutsch, damit du selbstbewusst und ruhig in die Prüfung gehen kannst.

In der Prüfung kannst du zwischen zwei Aufgaben wählen:
1. zur Arbeit mit einem fiktionalen bzw. literarischen (lyrischen oder epischen) Text.
2. zur Arbeit mit einem nicht fiktionalen Text bzw. Sachtext.

In beiden **Wahlaufgaben** sind Aufgaben zu drei Kompetenzen zu bearbeiten:

1. Aufgaben zur Überprüfung der **Lesekompetenz**
Hier sollst du nachweisen, über welches Wissen und Können du beim Lesen (Analysieren) und Verstehen (Deuten/Interpretieren) eines Textes verfügst. Viele Aufgaben fordern dich auf, im Text konkrete Informationen zu finden.

2. Aufgaben zur Überprüfung der **Schreibkompetenz**
Hier sollst du dein Wissen und Können beim Planen/Entwerfen, beim Schreiben und beim Überarbeiten eines geschriebenen Textes nachweisen.

3. Aufgaben zur Überprüfung der **Sprachkompetenz**
Hier sollst du nachweisen, was du über die Wortarten und den Satzbau weißt und ob du orthografische und grammatische Mängel im Gebrauch der deutschen Sprache erkennen und korrigieren kannst.

Bei den Aufgabenstellungen im Einzelnen begegnen dir drei **Aufgabenformate**:

1. **Geschlossene Aufgaben**
Es gibt drei verschiedene Typen von geschlossenen Aufgaben:
- *Multiple-Choice-Aufgaben:* Zu einer Aufgabe/Frage werden dir vier Antwortmöglichkeiten vorgegeben. Davon ist immer nur eine Antwort richtig. Diese musst du herausfinden und ankreuzen.
- *Richtig-Falsch-Aufgaben:* Hier wird dir zu einer Frage eine Antwort vorgegeben oder eine einzelne Aussage angeboten. Du musst entscheiden, ob diese Antwort bzw. diese Aussage richtig oder falsch ist.
- *Zuordnungsaufgaben:* Hier werden Elemente zweier Bereiche einander zugeordnet, z. B. sollen Figuren bestimmten Tätigkeiten oder auch Zitaten bestimmte sprachliche Mittel zugeordnet werden.

2. **Halboffene Aufgaben**
Bei diesem Aufgabenformat werden dir keine Antworten vorgegeben, du musst selbst Antworten finden. Diese lassen sich jedoch eindeutig dem Text entnehmen.

3. **Offene Aufgaben**
Hier musst du deine Antwort aus dem Text ableiten und über den Inhalt und die Formulierung deiner Antwort selbst entscheiden.

Für die Lösung der Prüfungsaufgaben stehen dir **180 Minuten** zur Verfügung.
In dieser Zeit solltest du so vorgehen:
- Verschaffe dir einen Überblick über die Texte und Aufgaben der beiden Wahlaufgaben. Beachte dabei besonders die Schreibaufgaben und prüfe, welche du besser lösen kannst.
- Entscheide dich für eine Wahlaufgabe.
- Löse zuerst gewissenhaft die Aufgaben zur Überprüfung der Lesekompetenz. Bearbeite dann die Aufgaben zur Schreibkompetenz und schließlich die zur Sprachkompetenz. Die Aufgaben bauen nämlich häufig aufeinander auf.
- Lies die Aufgaben ganz genau und prüfe sorgfältig, was erwartet wird.

Zur schnellen Orientierung über die Prüfungsanforderungen hier ein Überblick:

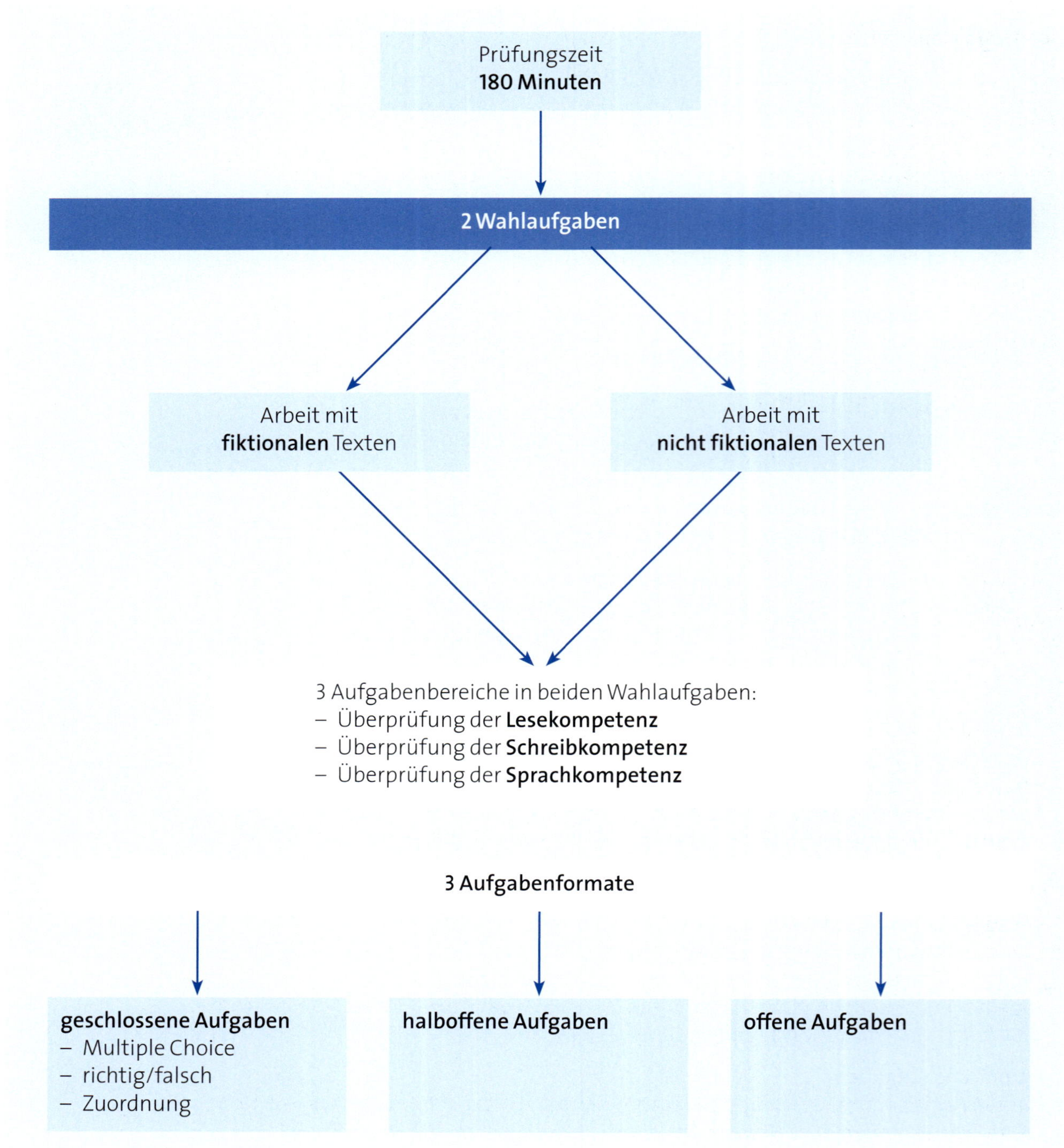

Drei sichere Wege zum Erfolg:

1. Festige dein Wissen über fiktionale und nicht fiktionale Texte sowie über Orthografie und Grammatik.
2. Präge dir ein, welche Merkmale du beim Schreiben einer Inhaltsangabe, eines Leserbriefs, einer Stellungnahme, einer Figurencharakteristik, eines inneren Monologs usw. beachten musst. Je mehr Textsorten du kennst, desto besser.
3. Versuche, das Konstruktionsprinzip der Aufgabenformate zu durchschauen, indem du selbst Aufgaben erstellst. Nimm dir zum Beispiel einen beliebigen Sachtext und formuliere dazu geschlossene Aufgaben.

Wie arbeitest du mit diesem Heft?

Fällt es dir leichter, mit einem literarischen Text oder mit einem Sachtext zu arbeiten? Dieses Heft hilft dir dabei herauszufinden, wo deine Stärken liegen.

Wie du bereits erfahren hast, enthalten die Wahlaufgaben der Abschlussprüfung drei Kompetenzbereiche: **Lesekompetenz**, **Schreibkompetenz** und **Sprachkompetenz**. In diesem Heft lernst du durch gezielte Übungen, wie du die Aufgaben zu diesen drei Kompetenzbereichen erfolgreich beantworten kannst.
Darüber hinaus kannst du die Prüfungssituation an konkreten Beispielen trainieren.

Das Heft ist deshalb so aufgebaut:

Im **ersten Kapitel** werden dir die Aufgabenformate der Abschlussprüfung (besonders die geschlossenen Aufgabenformate) kurz vorgestellt. Du kannst die Aufgabenformate dann in den nachfolgenden Kapiteln immer wieder üben.

Das **zweite Kapitel** enthält Übungen zum Umgang mit Sachtexten.

Du erfährst,
- wie du Textsorten und Textfunktionen bestimmen kannst,
- wie du die Intention eines Autors ermittelst,
- wie du das Thema eines Textes erfassen kannst,
- wie du Meinungen und den Autorenstandpunkt erfassen kannst,
- wie du gezielt Informationen entnimmst

und vieles andere mehr.

TIPP
Blau unterlegte Felder markieren Tipps, die dir bei den Aufgaben helfen.

Im **dritten** und **vierten** Kapitel findest du Übungen zum Umgang mit literarischen Texten.

Du erfährst,
- wie du die Bildebene eines Gedichts bestimmen kannst,
- wie du sprachliche Bilder analysieren kannst,
- wie du Metrum und Reim bestimmen und ihre Funktion erklären kannst,
- wie man Figuren, Ort, Zeit und Aufbau einer Geschichte untersucht,
- wie man Erzählform und Erzählperspektive analysiert

und vieles andere mehr.

Merkkästen fassen das notwendige Wissen in den Kapiteln 1 bis 4 für dich kurz zusammen.

Im **fünften Kapitel** werden dir weitere wichtige Hilfen angeboten, z. B. zu Arbeitstechniken, zum korrekten Zitieren und zu Stilmitteln.

Im **sechsten Kapitel** schließlich kannst du selbstständig Prüfungsaufgaben bearbeiten. Du lernst dadurch Schritt für Schritt die gesamte Prüfungssituation kennen.

Mit dem Lösungsteil kannst du deine Ergebnisse selbstständig überprüfen und – wenn nötig – verbessern.

1 Die Aufgabenformate

Geschlossene Aufgabenformate

Multiple-Choice-Aufgaben verführen zum schnellen Ankreuzen. Um Fehler zu vermeiden, kannst du so vorgehen:

- Lies die Aufgabe Wort für Wort. Oft entscheidet nur ein Wort über richtig und falsch.
- Kläre, worin sich die Antwortmöglichkeiten unterscheiden.
- Überfliege den Text und markiere die entsprechende Textstelle.
- Vergleiche die Textstelle mit der Aufgabe.
- Begründe für dich, warum drei Antwortmöglichkeiten falsch sein müssen.
- Kreuze die richtige Antwort an. Beachte, dass es immer nur **eine** richtige Antwort gibt.

Richtig-Falsch-Aufgaben und **Zuordnungsaufgaben** lassen sich mit einer ähnlichen Vorgehensweise bearbeiten.

TIPP
Alle Aufgabenformate werden in den verschiedenen Kapiteln wiederholt geübt. Einen Übungsschwerpunkt bildet der Prüfungsteil (Seite 70 bis 87).

1 *Bearbeite die folgende Muliple-Choice-Aufgabe.*

a) *Lies die Frage und die Antwortmöglichkeiten genau.*

Wie viele Schüler schwänzen in Großbritannien die Schule?

- ☐ Es sind rund 5 000 pro Tag.
- ☐ Es sind knapp 50 000 pro Woche.
- ☐ Es sind rund 50 000 pro Tag.
- ☐ Es sind mehr als 50 000 während der Urlaubszeit.

b) *Notiere, in welchen Punkten sich die Antwortmöglichkeiten unterscheiden.*

____

____

____

c) *Überfliege den Textausschnitt und markiere die Textstelle, auf die sich die Frage bezieht.*

Die Labour-Regierung kämpft mit harten Bandagen gegen steigende Schulschwänzerzahlen. Rund 50 000 Schüler pro Tag tauchen erst gar nicht in der Schule auf, oft auch mit dem Einverständnis der Eltern. In Thurrock wird der Anteil der Eltern, die lieber mit ihren Kindern nach Mallorca fliegen, als sie in die Schule zu schicken, auf 20 Prozent geschätzt.

d) *Vergleiche die Textstelle noch einmal mit den Antwortmöglichkeiten in Aufgabe a).*

e) *Begründe für dich, warum drei Antwortmöglichkeiten falsch sein müssen.*

f) *Kreuze jetzt die richtige Antwort in Aufgabe a) an.*

2 *Entscheide, ob die folgenden Aussagen richtig oder falsch sind. Gehe so vor:*
– Lies die jeweilige Aussage genau.
– Überfliege den Text und markiere die Textstelle.
– Vergleiche die Aussage mit der Textstelle.
– Kreuze an.

	Aussagen	richtig	falsch
a)	Die Schulschwänzerzahlen sinken.	☐	☐
b)	20 % der Schüler fliegen lieber nach Mallorca, als in die Schule zu gehen.	☐	☐
c)	Oft haben Schulschwänzer das Einverständnis ihrer Eltern.	☐	☐

3 *Ordne jedem Personenkreis die passende Tätigkeit zu. Beachte, dass jeweils nur eine Tätigkeit zugeordnet werden darf. Schreibe dazu den richtigen Buchstaben in die rechte Spalte. Gehe so vor:*
– Lies die Aufgabe genau.
– Überfliege den Text und markiere die verschiedenen Textstellen.
– Vergleiche Text und Zuordnungsmöglichkeiten.
– Begründe für dich, warum du eine Möglichkeit ausschließen kannst.
– Nimm die Zuordnung vor.

1. die Eltern	________
2. die Schüler	________
3. Regierungsmitglieder	________

a) kämpfen entschlossen
b) werden nicht versetzt
c) geben ihr Einverständnis
d) tauchen ab

4 *Lies die Informationen im Merkkasten. Markiere Wichtiges und schreibe in dein Heft, in welchen Punkten sich halboffene und offene Aufgaben unterscheiden.*

Halboffene Aufgaben
Dieses Aufgabenformat gibt dir zu einer Frage oder Aufgabe keine möglichen Lösungen vor. Du musst die Lösung selbst finden. Dazu musst du entweder im Ausgangstext zielgerichtet nachlesen (im Bereich Lesekompetenz) oder in den anderen Bereichen auf dein Wissen zu Textmerkmalen, zur Struktur von Sätzen, zur Bestimmung und Funktion von Satzgliedern und Wortarten zurückgreifen. Wichtig ist, dass die Antwortmöglichkeiten nicht beliebig sind, sondern dass du eindeutig richtige Antworten finden musst.

Offene Aufgaben
Dieses Aufgabenformat findest du im Bereich der Lesekompetenz vor allem dann, wenn du ein eigenes Interpretationsangebot unterbreiten sollst. Da es hier keine richtigen und falschen Antworten gibt, sollst du stattdessen nachweisen, zu welchen eigenen begründeten Deutungen du im Umgang mit einem Text gelangst. Im Kompetenzbereich Schreiben werden diese Aufgaben vor allem dann gestellt, wenn du einen eigenen kleinen Text schreiben sollst. Wichtig ist, dass du neben dem Inhalt auch auf deinen Ausdruck und auf die sprachliche Richtigkeit deines Textes achtest.

2 Nicht fiktionale Texte

Übungen zur Lesekompetenz: Grundfertigkeiten

Nicht fiktionale Texte, auch Sachtexte oder Gebrauchstexte genannt, dienen – im Unterschied zu den fiktionalen/literarischen Texten – der Weitergabe von Informationen. Sie haben einen klar erkennbaren Bezug zur Wirklichkeit. Zu ihnen gehören auch Schaubilder, Diagramme und Statistiken.
Um die Prüfungsaufgaben erfolgreich zu lösen, musst du den Text genau und aktiv lesen. Ohne Kenntnisse der Textfunktionen und Textsorten lassen sich viele Aufgaben nicht beantworten.

Textfunktion und Textsorte erfassen

1 *Informiere dich mit Hilfe des Merkkastens über die Textfunktionen und Textsorten.*

Textfunktion und Textsorte erfassen
Nicht fiktionale Texte kann man in drei große Gruppen einteilen. Den drei Gruppen können bestimmte Textsorten zugeordnet werden.

Textfunktionen:	Textsorten:
Darstellend-informierende Texte: Sie stellen ein Geschehen dar oder informieren darüber. Sie sind sachorientiert.	Meldung, Nachricht, Bericht, Fachtext
Expressiv[1]-wertende Texte: Der Autor/Die Autorin stellt im Text seine/ihre Meinung begründet oder unbegründet dar. Sachverhalte werden in einer bestimmten Perspektive dargestellt. Diese Texte sind autororientiert, das heißt, es geht in ihnen um die Sichtweise des Autors/der Autorin.	Kommentar, Leserbrief
Appellativ[2]-auslösende Texte: Die Lesenden sollen zu einer bestimmten Handlung oder Reaktion veranlasst werden. Diese Texte sind adressatenorientiert, es geht in ihnen um die Lesenden.	Aufruf, Flugblatt, Rede, Werbung
Es gibt außerdem noch **regulierende Texte** und **instruierende Texte**.	Gesetze, Verträge, Anleitungen, Gebrauchsanweisungen

1 ***expressiv:*** *ausdrucksvoll; jemand drückt seine Meinung oder seine Gefühle aus*
2 ***appellativ, von „appellieren“:*** *sich an jemanden wenden, jemanden/etwas anrufen*

2 **a)** *Bestimme für die folgenden Texte die überwiegende Textfunktion. Kreuze an.*
b) *Notiere jeweils die Textsorte.*

A Ich freue mich, dass Sie sich dieser Thematik angenommen haben. Die kaum überschaubare Fülle von Publikationen über die alliierte Invasion macht es (...) schwer, einen Überblick zu bekommen. Ihnen ist dies gut gelungen.

Textsorte: ______________________________

- ☐ informierend
- ☐ wertend
- ☐ appellativ
- ☐ regulierend
- ☐ instruierend

B Eine Reportage informiert lebendig über Ereignisse. Sie versucht, Atmosphäre einzufangen und die Lesenden mitten in das Geschehen zu führen. Zur Reportage gehören die Darstellung eines Ereignisses, Hintergrundinformationen und ein Kommentar.

Textsorte: ______________________________

- ☐ informierend
- ☐ wertend
- ☐ appellativ
- ☐ regulierend
- ☐ instruierend

C Nicht körperliche oder geistige Beeinträchtigungen (...), sondern die Reaktionen der anderen lassen behinderte Menschen (...) an ihrem Leben verzweifeln. Wenn wir allein aufgrund genetischer Informationen eine Entscheidung über das Leben von möglicherweise behinderten Menschen treffen, sind wir selbst am meisten behindert.
(aus: „Stern", 09.06.2004, Nr. 25, S. 17, von Sigrid Wissing)

Textsorte: ______________________________

- ☐ informierend
- ☐ wertend
- ☐ appellativ
- ☐ regulierend
- ☐ instruierend

D Die Pfefferminze ist den meisten in Form von Tee oder als Aroma für Zahnpasta bekannt. Zugleich dient das Gewächs aber auch als Küchenkraut, und sein Öl hat heilsame Wirkung. Letzteres hat der Pfefferminze den Titel „Arzneipflanze des Jahres" eingebracht.

Textsorte: ______________________________

- ☐ informierend
- ☐ wertend
- ☐ appellativ
- ☐ regulierend
- ☐ instruierend

E Es wäre wünschenswert, dass sich diese Erkenntnis auf breiter Front durchsetzt und zu praktischen Konsequenzen führt. Hier sind alle gefragt, jeder Einzelne, die gesellschaftlichen Gruppen, die Wirtschaft, der Staat.

Textsorte: ______________________________

- ☐ informierend
- ☐ wertend
- ☐ appellativ
- ☐ regulierend
- ☐ instruierend

F Der Verlust historischer Schätze im Irak ist kein Einzelfall. Überall auf der Welt bedrohen Kriege (...) die Erhaltung wertvoller Kulturgüter. (...) Sie können mit dazu beitragen, diese und andere Kulturschätze in aller Welt zu erhalten.
(aus: „National Geographic", Juli 2003)

Textsorte: ______________________________

- ☐ informierend
- ☐ wertend
- ☐ appellativ
- ☐ regulierend
- ☐ instruierend

3 *Unterstreiche in den Texten von Aufgabe 2 die sprachlichen Mittel, die auf die Textfunktion hinweisen. Lies dazu auch den Infokasten.*

INFO

Folgende Merkmale helfen dir beim Erfassen von Textfunktionen und Textsorten:

Darstellend-informierende Texte:	Verwendung von Fachbegriffen, Mitteilungscharakter
Expressiv-wertende Texte:	direkte Wertungen und indirekte, z. B. durch Ironie oder Zweifel
Appellativ-auslösende Texte:	direkte Aufforderungen und indirekte, z. B. durch Negativdarstellungen bei Nichthandeln

Die Intention des Autors/der Autorin bestimmen

Beim Erfassen der Autorintention geht es darum, herauszufinden, mit welcher Absicht der Autor/die Autorin den Text geschrieben hat bzw. welches Ziel mit dem Text verfolgt wird.

Die Autorintention
Die Intention des Autors/der Autorin hängt eng mit der Textfunktion zusammen.
So beschreibst du die Autorintention:
- Schreibe auf, worüber im Text informiert wird – oder
- beschreibe das Problem, um das es geht, und wie der Autor/die Autorin dazu Stellung nimmt – oder
- schreibe auf, wozu der Autor/die Autorin aufruft.

1 *Schreibe jeweils in einem Satz die Autorintention zu den Texten A, B und F von Seite 9 in dein Heft. Orientiere dich an dem folgenden Beispiel:*

In dem Fachtext „Aromatische Preisträgerin mit Heilkraft“ informiert der Autor/die Autorin über die Verwendung der Pfefferminze in der Küche und als Arznei.

TIPP
Du kannst für die Beschreibung der Autorintention u. a. die folgenden Verben verwenden: *informieren, bewerten, werten, kritisieren, loben, aufrufen, auffordern, anordnen, anleiten.*

Text A: ______________________________

____

____

Text B: ______________________________

____

____

Text F: ______________________________

____

____

Das Thema erfassen

Das Thema eines Textes erfassen
- Benenne den Textgegenstand. Das ist der Sachverhalt, über den etwas ausgesagt wird.
- Prüfe, ob es noch weitere Teilthemen gibt, die für das Thema von Bedeutung sind.
- Ergänze gegebenenfalls die Textsorte.
- Bemühe dich, das Thema des Textes so genau wie möglich zu benennen.

1 *Benenne das zentrale Thema des folgenden Textes. Beantworte dazu die Frage „Worum geht es in dem Text?“ so genau wie möglich. Beachte die Information im INFO-Kasten.*

INFO
Ein Bericht dient – wie eine Meldung oder eine Nachricht – der sachlichen Information. Im Unterschied zur Meldung beantwortet er die W-Fragen ausführlicher.

In dem Bericht „Technik kann auch Ängste mindern“ geht es um

Technik kann auch Ängste mindern

Ein Arzt erzählte dem Ingenieur Gavriel Iddan einst von Patienten mit unerklärlichen Schmerzen im Bauch. Der Spezialist für Optoelektronik arbeitete daraufhin zehn Jahre lang an einer neuen Untersuchungstechnik. Das Ergebnis: ein Kapselendoskop. Kamera, Batterie, Lichtquelle und Sender – in einem Gerät von der Größe einer Vitaminkapsel.

Jetzt muss der Arzt nicht mehr schneiden, um ins Innere des Dünndarms sehen zu können. Einfach schlucken, und die Kapsel bewegt sich schmerzlos durch den Darmtrakt und nimmt Bilder auf, die ein Empfangsgerät am Gürtel speichert. Die Patienten können zu Hause warten, bis die Kapsel wieder erscheint (...).

Manche Menschen leiden ja lieber, ohne sich behandeln zu lassen; sie fürchten, die Untersuchung sei unangenehmer als die Schmerzen, die sie haben. Dank des Kapselendoskops brauchen sie bald den Gang zum Arzt nicht mehr zu scheuen.

(Lynne Warren: Technik kann auch Ängste mindern, aus: „National Geographic“, Juli 2003, S. 154)

Meinungen erfassen

Meinungen erfassen
In vielen Textarten sind Meinungen und Wertungen enthalten. Manchmal wird über Meinungen anderer berichtet, manchmal bringt der Autor/die Autorin seine/ihre eigene Meinung ein. Frage dich:
- Wo äußert der Autor/die Autorin seine/ihre Meinung?
- Wo werden Meinungen und Begründungen anderer wiedergegeben (sachlich)?

1 *Schreibe aus den Texten (Seite 9, Aufgabe 2) alle Formulierungen heraus, die Meinungen wiedergeben. Arbeite in deinem Heft.*

DEN STANDPUNKT DES AUTORS/DER AUTORIN ERFASSEN

Den Standpunkt des Autors/der Autorin erfassen

Expressiv-wertende Texte werden auch stellungnehmende Texte genannt, weil sie mit der Absicht geschrieben worden sind, einen Sachverhalt zu kommentieren und zu bewerten. Der Autor will dem Leser seinen Standpunkt mitteilen.

Der Autor/Die Autorin eines nicht fiktionalen Textes kann ihre/seine Meinung zum dargestellten Sachverhalt direkt oder indirekt äußern.

I. Direkte Meinungsäußerungen

Direkte Meinungsäußerungen erkennst du an Formulierungen, die eine Wertung einleiten:
ich finde, ich meine, ich denke, …
Direkte Meinungsäußerungen erkennst du auch an wertenden Adjektiven, Verben, Substantiven, z. B.:
es ist zu begrüßen, bedauerlicherweise, es ist empörend, beeindruckend ist, …
er brillierte, sie versagte darin, er enttäuschte, …
die herausragende/nichts sagende/einschläfernde/aufrüttelnde Rede, …
das war eine Glanzleistung, darin liegt nichts Neues, …

1 a) *Lies den folgenden Text und bestimme die Textfunktion.*

____

Wieder zwei Beispiele von wichtigtuerischem Denglisch notiert. Ein Kollege hat in einem Trimmstudio einen Aushang gelesen, wonach ein „Hand-out beim Check-in liege". Abends höre ich mit eigenen Ohren, wie ein Manager seinen Kollegen berichtet, er habe mit Soundso zwei „One-to-One-Meetings" gehabt. Unsereiner hätte gesagt, wir haben uns zweimal getroffen. Die beiden haben sich wahrscheinlich auch noch gegenseitig „gebrieft".
(Helmut Markwort: Erst Reform, dann K-Frage, aus: „Focus", 2003, Nr. 45, S. 3)

b) *Zu welchem Problem wird in dem Text Stellung genommen? Notiere das Thema in ein bis zwei Sätzen.*

____

____

____

____

c) *Markiere alle Textstellen, die etwas zur Haltung des Autors aussagen. Die Informationen in den Merkkästen oben und unten helfen dir.*

d) *Notiere den Autorenstandpunkt in einem Satz. Nutze dazu die Satzanfänge im Tippkasten.*

TIPP
Der Autor hebt lobend hervor …
Der Autor kritisiert …
Der Autor wendet sich gegen …
Der Autor stellt die Frage …

____

____

____

II. Indirekte Meinungsäußerungen

Indirekte Meinungsäußerungen treten in verschiedenen Formen auf. Erschließe sie aus dem Textzusammenhang. Anzeichen können sein:

- unpersönliche Ausdrucksweise, z. B.:
  Es wäre doch schade, wenn ..., dies bedeutet doch aber, dass ...
- rhetorische Fragen (versteckte Kritik), z. B.:
  Ist es nicht ein Armutszeugnis, wenn ...?
- einseitige Darstellungen/Weglassungen, wenn z. B. bei Kritik alle positiven Aspekte einer Sache absichtlich weggelassen werden.
- eine ironische Darstellungsweise, z. B.:
  Ausgezeichnet; so haben Sie wieder mal bewiesen, dass die Gerechtigkeit blind ist.
- Handlungsaufforderungen/Appelle, z. B.:
  Ausländische Mitbürger dürfen nicht weiter ausgegrenzt werden!
- Satzzeichen (Ausrufezeichen, Anführungsstriche u. a.), *z. B.:*
  Er findet das „gut"!

TIPP

Appellativ-auslösende Texte enthalten indirekte Wertungen. „Retten Sie die Kulturschätze im Irak!" setzt voraus, dass es wichtig und wertvoll ist, diese Kulturschätze zu erhalten; sonst würde man nicht zu ihrer Rettung aufrufen.

DEN TEXTINHALT ZUSAMMENFASSEN

Ziel beim Zusammenfassen eines Textes ist es, den Text auf die wichtigsten Informationen zum dargestellten Sachverhalt zu reduzieren oder den Text bis hin zu einer Hauptinformation zu verdichten.

Den Text zusammenfassen

So kannst du den Inhalt eines Textes zusammenfassen:

- Lies den Text gründlich und benenne das Thema und die Funktion des Textes.
- Verschaffe dir einen Überblick über den gesamten Inhalt und über den Aufbau des Textes.
- Finde heraus, welche Teilthemen bearbeitet werden. Du kannst dich dabei an den Textabschnitten orientieren oder Schlüsselwörter zum Thema unterstreichen.
- Unterstreiche oder notiere die wichtigsten Informationen zu den Teilthemen.

Fasse den Inhalt des Textes zusammen, indem du das Thema und wesentliche Aussagen zu den Teilthemen nennst. Gib nur die wichtigen Informationen wieder und nenne keine Einzelheiten.

1 *Fasse den Inhalt des Textes (Seite 11) in deinem Heft zusammen.*
Gehe vor, wie im Merkkasten beschrieben. So könnte deine Zusammenfassung beginnen:

Der Ingenieur für Optoelektronik, Gavriel Iddan, entwickelte ein neues Gerät, das Kapselendoskop, um Erkrankungen im Bauch besser untersuchen zu können. Es ist nicht größer als ...

Gezielt Informationen entnehmen

Informationen entnehmen
Wenn verlangt wird, ganz bestimmte Informationen aus dem Text wiederzugeben, z. B. um eine Teilfrage zu beantworten, kannst du in diesen Schritten vorgehen:
- Überfliege den Text und finde die Textteile, welche die gesuchten Informationen enthalten.
- Lies diese Textabschnitte aktiv mit einem Stift. Markiere Wesentliches.
- Schreibe für die Beantwortung der Frage die wichtigen Informationen heraus (z. B. in Stichworten).
- Fasse die Informationen zusammen. Formuliere selbstständig und schreibe in ganzen Sätzen.

1 *Worin besteht der Wert der Erfindung des Kapselendoskops? Unterstreiche die Antwort im Text (Seite 11). Nutze zum Auffinden der Antwort die Technik des überfliegenden Lesens.*

2 *Beschreibe die Funktionsweise des Kapselendoskops. Gehe vor, wie im Merkkasten beschrieben.*

INFO
„Überfliegend lesen" bedeutet: die Augen über den Text gleiten lassen und nach bestimmten Informationen mit Hilfe von Schlüsselwörtern Ausschau halten.

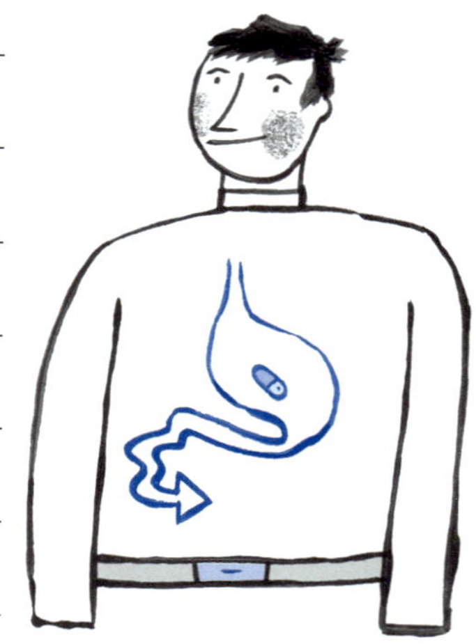

ÜBUNGEN ZUR LESEKOMPETENZ: GRUNDFERTIGKEITEN ANWENDEN

Anhand des folgenden nicht fiktionalen Textes hast du die Möglichkeit, Aufgaben, wie sie in der Prüfung vorkommen, noch einmal mit kleinen Hilfestellungen zu üben.

Ins Lid gerammt

Ärzte beklagen die Folgen der Piercingmode: Bei rund 600 000 Deutschen ist der Körperschmuck Ursache von Entzündungen oder Allergien.

Manchmal braucht es einen Bolzenschneider zur Öffnung des Geburtskanals – bei einer jungen Frau aus Ulm zum Beispiel. Sie hatte ihren Genitalbereich mit diversen Metallringen und -steckern geschmückt. Und die wollten sich, als die Wehen einsetzten, nicht lösen. Um das Baby nicht mit einem Kaiserschnitt auf die Welt holen zu müssen, fummelte der Arzt den Piercingschmuck Stück für Stück aus dem Intimbereich. Erst dann hatte das Kind genug Platz und konnte auf natürlichem Wege geboren werden.

Das Geschäft mit dem bizarren Körperschmuck floriert – und oft sind die Folgen ernster als bei der Ulmer Mutter. Besonders gefürchtet sind Hepatitis B oder C. Wer sich beim Anbringen eines Piercings eine dieser chronischen Leberentzündungen zugezogen hat, muss häufig miterleben, wie sein Organ von einem Virus zerstört wird.

Berichtet wird zudem von Patienten, deren Herzklappen zerfressen wurden, nachdem sich ein Piercingring infiziert hatte und die Erreger in die Blutbahn geschwemmt worden waren. Die Ärzte mussten ihnen künstliche Klappen einsetzen. Und auch Britney Spears, an Nabel und Brustwarze gepierct, sollte aufpassen: Zumindest eine Frau hat schon wegen eines entzündeten Rings eine Brust verloren.

Zwar leiden die meisten Geschädigten nicht an solch drastischen Folgen, doch die Anzahl der Betroffenen alarmiert: Nach einer kürzlich vorgestellten Untersuchung von Ärzten des Bremer Zentralkrankenhauses St.-Jürgen-Straße kommt es bei fast jedem fünften Gepiercten zu Entzündungen oder Allergien. Das sind in Deutschland bei geschätzten zwei bis drei Millionen Körperschmuckträgern immerhin bis zu 600 000 Menschen.

Schuld daran sind vor allem die Bedingungen, unter denen zugestochen wird: In Studios oder auf Flohmärkten fuhrwerken oftmals Ungelernte an Augenlid, Bauchnabel oder Ohr herum. Jeder in Deutschland darf – ohne Schulung – ein Piercinggeschäft eröffnen. Nicht selten stechen die Piercer zu, ohne je etwas von Desinfektion gehört zu haben. Dass sich viele dieser Wundstellen schon nach Tagen entzünden, verwundert nicht.

Beim Zungenpiercing geht es mitunter sehr viel schneller: Weil die Zunge von vielen Gefäßen durchzogen ist, kann sie nach dem Durchstechen binnen Sekunden mit Blut volllaufen, anschwellen wie ein Wasserballon und so die Atemwege versperren. Nur ein Luftröhrenschnitt kann dem Erstickenden dann noch helfen.

Auch an Ohren und Augen können Piercings Schäden hinterlassen. Benedikt Folz, HNO-Oberarzt an der Universität Marburg, kann sich an einen Patienten besonders gut erinnern: Der junge Mann hatte sich einen Stecker in die obere Ohrmuschel schießen lassen. Die Stelle hatte sich so stark entzündet, dass der Knorpel „komplett kaputt" war – wo einmal das Ohr gewesen war, hing „nur noch ein Hautsack" herunter. Mit enormem Aufwand gelang es Folz und seinen Kollegen, das zerstörte Ohr mit Knorpel aus einer Rippe wieder aufzubauen.

Der Ulmer Augenarzt Hans-Walter Roth vom Institut für Wissenschaftliche Kontaktoptik musste einen Piercingträger wegen einer Hornhautvergiftung behandeln. Bei ihm hatten sich aus dem Gesichtsschmuck Metalle wie Kupfer herausgewaschen und waren vom Blut zum Auge befördert worden. Ein anderer Patient kam mit der Lähmung eines Augenlids in seine Praxis: Er hatte bei einem Diskobesuch einen Ring von seiner Freundin geschenkt bekommen und sich diesen direkt an Ort und Stelle „ins Lid gerammt", erzählt Roth.

Nach Schätzung des Ersatzkassenverbands Schleswig-Holstein kosten solche Komplikationen in Deutschland „sicher einen zweistelligen Millionenbetrag". Berücksichtigt seien dabei nur die Wundbehandlungen, sagt Pressesprecher Lothar Thormählen. Hinzu kämen sowohl die Kosten für die Therapie chronischer Infektionen als auch die für die Behandlung der – durchaus häufigen – allergischen Reaktionen. Bei rund zehn Prozent aller Frauen und einem Prozent aller Männer juckt die Haut, wenn sie mit Nickel in Kontakt kommt. Trotzdem steckt das Metall immer noch in vielen Ringen und Steckern.

Inzwischen werden selbst Kleinkinder oder Säuglinge gepierct. HNO-Arzt Folz kennt kleine Patienten, die ihre Stecker aus dem Ohr herausgefummelt und dann in die Lunge verschluckt haben. (...) Trotz der vielen Komplikationen fordern nur die wenigsten Ärzte ein generelles Piercingverbot. Kontrovers diskutiert wird allerdings, wer das Stechen übernehmen soll. Augenarzt Roth fordert „qualifizierte, ausgebildete Piercer", die im Idealfall Ärzte sein sollten. Andere Mediziner halten dagegen, dass ein Arzt laut hippokratischem Eid seinem Patienten keinen Schaden zufügen dürfe. Nichts anderes sei aber das Piercen.

Dass die Patienten das häufig anders sehen, zeigt der Fall in Ulm: Der Frauenarzt, der seiner Patientin zu einer natürlichen Geburt verholfen hatte, bekam es danach mit der Frau zu tun. Die forderte 2 500 Mark von ihm – so viel habe der beim Entfernen zerstörte Intimschmuck gekostet.

Jan Schweitzer

Finden Sie Tätowierungen und Piercings attraktiv?

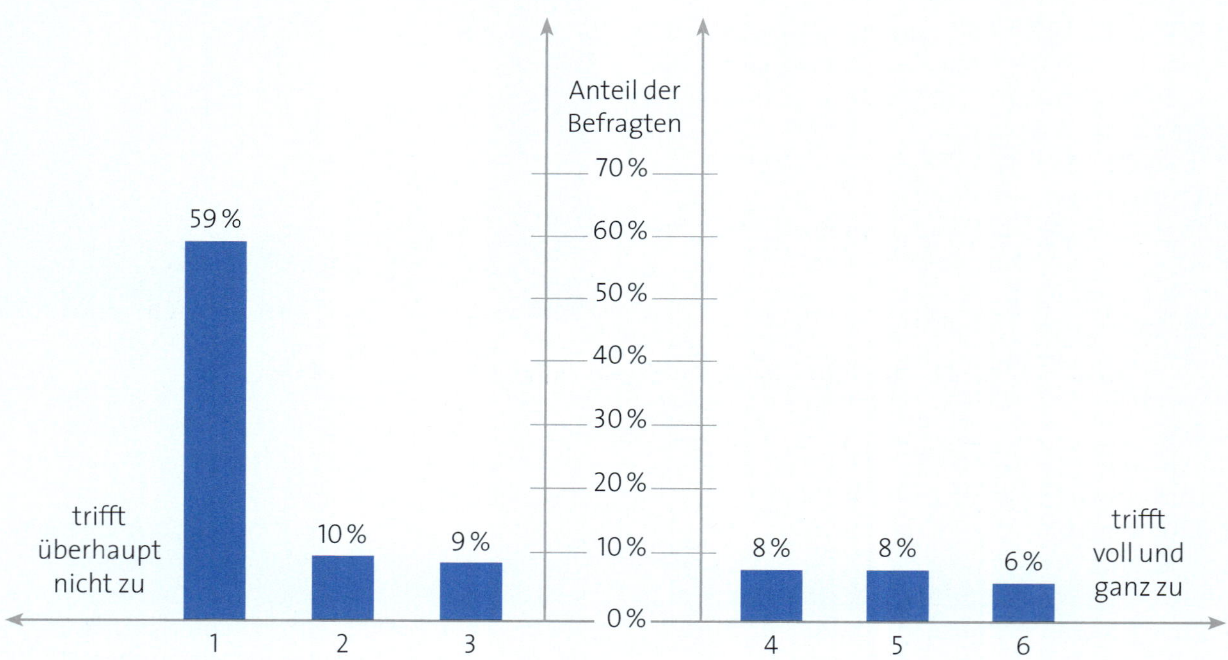

TEXTSORTE UND TEXTFUNKTION, THEMA UND AUTORENABSICHT ERFASSEN

Um den Text als Ganzes zu erfassen, ist es wichtig, die Textsorte und die Textfunktion zu bestimmen. Dazu musst du erschließen, welche Absicht der Autor mit dem Text verfolgt.

1 a) *Lies den Text „Ins Lid gerammt" und überlege, ob der Autor mit seinem Text hauptsächlich informieren oder seine Meinung ausdrücken will.*
b) *Bestimme die überwiegende Textfunktion und die Textsorte. Kreuze an.*

- ☐ informierend
- ☐ regulierend
- ☐ wertend
- ☐ instruierend
- ☐ appellativ

Textsorte: ____________________

2 a) *Erfasse das zentrale Thema, über das im Text „Ins Lid gerammt" berichtet wird. Gehe vor, wie im Merkkasten auf Seite 11 beschrieben.*

____

____

____

____

____

b) *Welche Aussage benennt das Thema des Textes angemessen? Kreuze an. Es gibt nur eine richtige Antwort.*

- ☐ Der Text berichtet über die Kosten, die die Komplikationen durch Piercing verursachen.
- ☐ Im Text werden die Bedingungen angeprangert, unter denen zugestochen wird.
- ☐ Der Text kommentiert das Geschäft mit dem Piercing.
- ☐ Der Text setzt sich mit den gesundheitlichen Gefahren und Folgen, die durch Piercing entstehen können, auseinander.

3 *Formuliere die Absicht des Autors mit Hilfe deiner Ergebnisse aus den Aufgaben 1 und 2. Vervollständige den Satz.*

Der Autor setzt sich mit dem Problem ____________________

____________________ auseinander, indem er

über die ____________________ informiert.

TIPP
Die Autorenabsicht erkennst du, wenn du die Frage beantwortest: *Was will der Autor mit dem Text erreichen?*

Das Textverständnis prüfen

In der Prüfung wird dein Leseverständnis überprüft.
Es geht darum, ob du den Inhalt des Textes detailgenau gelesen und verstanden hast.

TIPP
Lies dir die Aussagen genau durch und vergleiche sie mit den Formulierungen im Text. Prüfe jede Einzelheit.

1 *Entscheide, welche der folgenden Aussagen zutreffend ist. Kreuze an.*

Aussagen	trifft zu	trifft nicht zu
a) Im Text wird über einen Piercingträger berichtet, der eine Hornhautvergiftung hatte.	☐	☐
b) Der Text berichtet, dass sich die Ärzte darüber einig sind, dass das Stechen qualifizierte, ausgebildete Piercer übernehmen sollten.	☐	☐
c) Im Text findet sich die Aussage, dass inzwischen selbst Kleinkinder oder Säuglinge gepierct werden.	☐	☐
d) Im Text wird mitgeteilt, dass die Zunge beim Durchstechen binnen Sekunden mit Blut volllaufen kann.	☐	☐
e) Aus dem Text erfährt man, dass Piercings zu chronischen Leberentzündungen führen können und dass das Organ dann von Bakterien zerstört wird.	☐	☐

2 *Kreuze die richtige Antwort an.*
Achtung: Es gibt nur eine richtige Antwort.

1. Wie viele Ärzte fordern ein generelles Piercingverbot?
   - ☐ alle Ärzte
   - ☐ die meisten Ärzte
   - ☐ die wenigsten HNO-Ärzte
   - ☐ die wenigsten Ärzte

2. Jeder fünfte Gepiercte hat Probleme
   - ☐ mit Allergien.
   - ☐ mit Entzündungen.
   - ☐ mit Allergien und Entzündungen.
   - ☐ mit den Atemwegen.

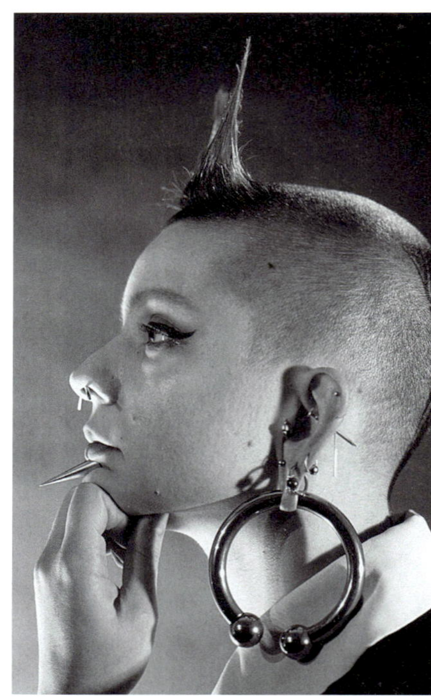

3 *Welche Aspekte des Themas werden behandelt? Beantworte die Frage in Stichworten.*

____

____

____

____

____

____

Den inhaltlichen Aufbau untersuchen

1 *Sieh dir den ganzen Text an und beantworte die folgenden Fragen. Kreuze an.*

Fragen	**ja**	**nein**
Hat der Text eine Überschrift?	☐	☐
Hat der Text Teilüberschriften?	☐	☐
Ist der Text durch Absätze gegliedert?	☐	☐
Enthält der Text nicht sprachliche Elemente (z. B. Diagramme, Abbildungen, Grafiken, Fotos)?	☐	☐
Werden Aussagen des Textes durch Gestaltungsmittel wie Fettdruck, Kursivdruck oder Unterstreichungen hervorgehoben?	☐	☐

2 *Untersuche die Überschrift des Textes mit Hilfe der folgenden Fragen. Notiere jeweils kurze Antworten.*

a) *Was will der Autor mit der Überschrift erreichen?*

____

____

b) *Was sagt die Überschrift bereits über den Inhalt des Textes aus?*

____

____

____

c) *Auf welche Textstelle bezieht sich die Überschrift? Zitiere.*

____

____

____

3 *Wie wird in das Thema eingeführt? Lies den ersten Absatz (Zeilen 1–11) und kreuze Zutreffendes an.*

- ☐ indirekter Einstieg: Eine Einleitung führt langsam in das Thema ein.
- ☐ ein Aufruf
- ☐ eine Meinung
- ☐ eine Rahmengeschichte
- ☐ Schilderung der aktuellen Situation
- ☐ direkter Einstieg: Die Leser werden gleich mit dem Thema konfrontiert.
- ☐ Kritik
- ☐ eine Frage
- ☐ ein Fallbeispiel

4 *Notiere, welche Funktion der Vorspann hat.*

____

____

5 *Lies den letzten Abschnitt (Zeile 100–105): Wie passt der Schluss zum Anfang? Beantworte die Frage in wenigen Sätzen.*

---

6 a) *Wie ist der Textinhalt gegliedert? Fasse den Text abschnittsweise zusammen, indem du jeweils den Hauptgedanken des Abschnittes in Stichworten notierst. Arbeite in deinem Heft.*

b) *Wie ist der Text gedanklich aufgebaut? Notiere den Gedankengang des Autors stichpunktartig im Heft. Der Merkkasten hilft dir.*

Den gedanklichen Aufbau untersuchen

Achte besonders darauf, ob

- und wie der Text eingeleitet wird,
- eine These vertreten und untersucht wird,
- eine Steigerung in der Bedeutsamkeit des Themas zu erkennen ist,
- die Reihenfolge der Abschnitte eine Logik aufweist oder ob sie austauschbar wäre,
- Beispiele und Argumente Aussagen untermauern,
- Schlussfolgerungen aufgrund vorheriger Abschnitte gezogen werden,
- eine Zusammenfassung erfolgt,
- der Schluss im gedanklichen Aufbau des Textes eine besondere Funktion hat.

7 *Welche inhaltlichen Gestaltungsmittel findest du im Text? Kreuze an.*

- ☐ Expertenmeinungen
- ☐ Hintergrundinformationen
- ☐ Aussagen von Betroffenen
- ☐ Fallbeispiele
- ☐ Beschreibung der aktuellen Situation
- ☐ anschauliche Beispiele
- ☐ Zahlen, Daten, Bilder
- ☐ Darstellen von Motiven, Erfahrungen, Gefühlen
- ☐ Ausschnitte aus einem Interview (in direkter oder indirekter Rede)
- ☐ Rahmen: Ein Fall/Ein Beispiel/Ein Gedanke erscheint am Anfang und am Ende eines Textes und bildet so eine Klammer.

Meinungen im Text untersuchen

Eine Teilaufgabe in der Prüfung lautet häufig: Stelle den Standpunkt des Autors/der Autorin dar, den er/sie im Text zum Ausdruck bringt.

1 *Untersuche, welchen Standpunkt der Autor zum dargestellten Problem einnimmt.*

a) *Beantworte zunächst die folgenden Fragen.*

Was hält der Autor vom Piercen? Ist er dafür oder dagegen?

___

Warum äußert der Autor sich zum Thema „Piercing“? Welche Veranlassung hat er? Was will er mit dem Text erreichen?

___

b) *Formuliere den Standpunkt, den der Autor einnimmt, in ein bis zwei Sätzen. Beachte dazu auch die Formulierungsvorschläge im Tippkasten.*

TIPP
- *Der Autor gibt zu bedenken, ...*
- *Der Autor macht darauf aufmerksam, ...*
- *Der Autor deckt einen Widerspruch auf: ...*
- *Der Autor stellt darüber hinaus die Frage: ...*

___

___

___

___

___

2 *Untersuche, wie der Autor seinen Standpunkt vermittelt. Kreuze an:*

Der Autor

- ☐ argumentiert aggressiv.
- ☐ äußert sich sehr zurückhaltend.
- ☐ schildert das Problem sachlich.
- ☐ begründet seine Meinung.
- ☐ lässt die Fakten sprechen.
- ☐ zitiert die Meinung von Fachleuten.
- ☐ unterlegt seine Meinung mit Beispielen.
- ☐ führt Autoritätsbelege an.
- ☐ appelliert an die Leser.
- ☐ stellt Behauptungen auf, ohne sie zu begründen.

3 a) *Schreibe aus dem Text zwei Sätze heraus, in denen der Autor seine Meinung zum Thema „Piercing“ direkt äußert.*

___

___

b) *Notiere drei Wortgruppen, die auf eine Meinungsäußerung des Autors hinweisen.*

___

___

4 *Wie begründet der Autor seine Meinung?*

a) *Notiere drei Argumente, die der Autor anführt.*

b) *Welche Beispiele führt der Autor an? Nenne drei Beispiele stichpunktartig.*

INFO
So werden Meinungen oder Behauptungen überzeugend dargestellt:
- Eine Behauptung wird aufgestellt.
- Die Behauptung wird durch eine oder mehrere Begründungen gestützt.
- Ein oder mehrere Beispiele veranschaulichen, was gemeint ist.

c) *Gibt der Autor Meinungen wieder, die andere geäußert haben? Notiere zwei Textbelege stichpunktartig.*

5 *Wie äußert der Autor seine Meinung? Kreuze an.*

- ☐ überwiegend direkt
- ☐ überwiegend indirekt

TIPP
Direkte/Indirekte Meinungsäußerung siehe Seite 12 und 13.

Eine Grafik auf den Text beziehen

In der Prüfung werden dir auch Texte mit grafischen Elementen begegnen. Eine Prüfungsaufgabe könnte lauten: Untersuche, in welcher Beziehung die Grafik zum Text steht.

1 a) *Sieh dir das Diagramm auf Seite 16 an und beantworte die folgenden Fragen.*
- *Wird eine Aussage des Textes durch die Grafik ergänzt, mit Beispielen belegt oder veranschaulicht?*
- *Wird durch die Grafik ein neuer inhaltlicher Aspekt eingebracht?*
- *Welchen Vorteil hat diese Grafik gegenüber einer Darstellung der Inhalte im Text?*

b) *Formuliere drei Angaben des Diagramms in Sätze um.*

Übungen zur Schreibkompetenz

In der Prüfung wird nicht von dir erwartet, dass du eine komplette Erörterung schreibst.
Du sollst stattdessen verschiedene kleinere Aufgaben lösen.
Die Aufgaben zur Überprüfung der Schreibkompetenz werden in drei Bereiche gegliedert:

- Texte planen und entwerfen
- Texte schreiben
- Texte überarbeiten

In diesem Teilbereich der Prüfung wird oft eine Stellungnahme gefordert.
Du sollst deine eigene Meinung zum Problem des Ausgangstextes zusammenhängend darstellen und begründen.

Eine Stellungnahme planen: sich eine eigene Meinung bilden

Eine Stellungnahme planen und schreiben
Beim Schreiben einer Stellungnahme kannst du dich an den folgenden Fragen orientieren.

- Hast du eine besondere Veranlassung, dich zu dem Problem zu äußern?
- Welche Haltung zum Problem nimmst du ein?
- Wie willst du deinen Standpunkt begründen?
- Willst du anderen deine Meinung nur mitteilen oder sie auch davon überzeugen?
- Willst du die Leser direkt ansprechen oder deine Meinung überwiegend indirekt äußern?

1 **a)** *Wie stehst du zu dem dargestellten Sachverhalt? Die folgenden Fragen können dir bei der Entscheidung helfen.*
- *Bist du allgemein für oder gegen das Piercen?*
- *Würdest du dich piercen lassen?*
- *Wie gehst du mit Menschen um, die gepierct sind?*

b) *Notiere nun deine Haltung in Stichworten. Arbeite in deinem Heft.*
c) *Notiere Argumente in deinem Heft, die du zur Begründung deiner Meinung nutzen willst.*

2 *Um deine Meinung ausgewogen darstellen zu können, ist es wichtig, vielfältige, auch gegenteilige Argumente zu prüfen. Der folgende Text hilft dir dabei.*
a) *Lies den Text und überlege, in welcher Weise er den Ausgangstext von Seite 15 ergänzt.*
b) *Unterstreiche Argumente, die deine Meinung stützen, und Argumente, die sich von deiner Meinung unterscheiden, verschiedenfarbig.*
c) *Überlege, welche Argumente du bei deiner Meinungsbildung bedenken solltest.*

Nach dem Piercen ist Sauberkeit und die richtige Pflege der gepiercten Stelle die Grundlage für eine normale Wundheilung. Ein Piercing ist während der Verheilphase eine offene Wunde und somit ein Angriffspunkt für Viren und Bakterien. Deshalb solltest du niemals mit ungewaschenen Händen an dein frisches und nicht abgeheiltes Piercing fassen (z.B. um es irgendwelchen Freunden oder Freundinnen stolz zu zeigen). Denke immer daran – es ist dein Körper und eine Entzündung kann im Ernstfall zu einer Blutvergiftung führen.

Das Infektionsrisiko beim Piercing ist minimal, die Erfahrung zeigt, dass die meisten Probleme auf folgende Faktoren zurückzuführen sind: Berührungen und Bewegungen der frisch gepiercten Stelle, Benutzung eines Reinigungsmittels, auf das der Körper negativ reagiert, ungenügende bzw. unsachgemäße Pflege, Besuch von Schwimmbädern, Solarien und Saunen vor Abheilung des Piercings.

EINE STELLUNGNAHME SCHREIBEN: LESERBRIEF

Einen Leserbrief schreiben
Ein Leserbrief wird geschrieben, um den eigenen Standpunkt mitzuteilen. Oft ist ein Zeitungsartikel der Ausgangspunkt für diese Meinungsäußerung.
Für die Entwicklung und Realisierung deines Schreibplanes kannst du folgende Hinweise nutzen:
- Nenne das Thema/Problem und deine Veranlassung zur Meinungsäußerung.
- Stelle den Bezug zum Ausgangstext her. Sage, was dich besonders angesprochen hat.
- Schreibe deine Meinung auf.
- Begründe deine Meinung. Setze dich dazu mit den Argumenten im Text auseinander und bringe neue ein.

1 *Schreibe in deinem Heft einen Leserbrief zum Thema „Piercing", in dem du deine Meinung mitteilst und dich mit der im Text dargestellten Meinung auseinandersetzt. Dazu kannst du die folgenden Fragen nutzen. Beachte auch die Hinweise im Merkkasten.*
- *Hast du die gleiche oder eine ähnliche Haltung zum Problem?*
- *Kannst du die Haltung des Autors nachvollziehen? Was siehst du anders?*
- *Wie bewertest du die angeführten Argumente, Begründungen oder Beispiele? Welche findest du überzeugend? Welche überzeugen dich nicht?*
- *Welche Aussagen im Text findest du besonders wichtig?*
- *Zu welchen Überlegungen regt dich der Text an?*
- *Auf welche Argumente möchtest du in welcher Weise eingehen?*

TIPP
Folgende Wendungen kannst du nutzen:
- Zum Thema „..." bin ich der Meinung, ...
- Für eine besonders wichtige Begründung halte ich ...
- Die folgenden Gründe sind meiner Ansicht nach nicht ausschlaggebend: ...
- Diesen Argumenten des Textes möchte ich mich anschließen und hinzufügen, ...

TEXTE ÜBERARBEITEN

1 *Die folgenden Sätze aus einer Stellungnahme enthalten verschiedene Mängel.*

Vorsicht Fehler!

a) *Markiere die Fehler in der Zeichensetzung und der Orthografie.*

Die Aufzählung drastischer und abschreckender Beispiele kann mich nicht wirklich überzeugen weil die Felle viel zu selten sind um proßentual wirklich ins Gewicht zu fallen. Mehr Gewicht hätte der Autor meiner Meinung nach stattdessen auf die Prevention legen sollen.

b) *Verbessere die Sätze sprachlich. Achte auf die Wortwahl und ergänze zum zweiten Satz eine Begründung.*

ÜBUNGEN ZUR SPRACHKOMPETENZ

1 *In welchem Sprachstil ist der Text „Ins Lid gerammt" überwiegend verfasst? Kreuze an.*

- [ ] Standardsprache/Hochsprache
- [ ] Umgangssprache
- [ ] Fachsprache
- [ ] Jugendsprache

TIPP
Sprachstile kannst du auf Seite 67 nachschlagen.

2 *Kommen außer dem überwiegenden Sprachstil noch andere Sprachstile vor? Notiere Belege.*

____

____

3 *Schreibe auf, in welcher Zeitform der Text vorwiegend verfasst ist.*

____

4 *Untersuche, ob bestimmte Wortarten in dem folgenden Textabschnitt häufig verwendet werden, und schreibe auf, welche Wirkung dadurch erzielt wird. Der Tippkasten hilft dir.*

Schuld daran sind vor allem die Bedingungen, unter denen zugestochen wird: In Studios oder auf Flohmärkten fuhrwerken oftmals Ungelernte an Augenlid, Bauchnabel oder Ohr herum. Jeder in Deutschland darf – ohne Schulung – ein Piercinggeschäft eröffnen. Nicht selten stechen die Piercer zu, ohne je etwas von Desinfektion gehört zu haben. Dass sich viele dieser Wundstellen schon nach Tagen entzünden, verwundert nicht.

TIPP
Viele Adjektive: Der Text ist beschreibend, er schmückt aus.
Viele Verben: Der Text macht einen lebendigen Eindruck; es gibt Handlung und Bewegung.
Viele Nomen: Der Text ist anschaulich und leicht zu lesen.
Viele Adverbien: Der Text wirkt komplex und detailliert. Es wird vorsichtig und genau formuliert.

____

____

____

____

5 a) *Untersuche, ob im Text direkte und/oder indirekte Rede verwendet wird. Markiere Belege im Text.*
b) *Notiere, welche Wirkung dadurch erreicht wird. Wähle passende Adjektive aus dem Tippkasten.*

TIPP
- glaubwürdig
- sachlich
- spannend
- anschaulich

____

____

____

3 Fiktionale Texte: Lyrik

Übungen zur Lesekompetenz

Um die Prüfungsaufgaben erfolgreich zu lösen, solltest du auf Folgendes achten:

- Wichtig ist ein wiederholtes **genaues Lesen** des Gedichtes, einzelner Strophen oder Verse (Zeilen). Bei einem Gedicht kann alles wichtig sein, jedes Wort, jede Wiederholung, jedes Satzzeichen.
- Ohne Kenntnis der **Merkmale lyrischer Texte** lassen sich die Aufgaben nicht beantworten.
- Um beispielsweise das Thema des Gedichtes bestimmen zu können oder um Vorstellungen zum lyrischen Subjekt und zu lyrischen Bildern zu beschreiben, muss **das Gedicht als Ganzes** untersucht und erschlossen werden.

Lyrik lesen

Wie epische und dramatische Texte sind auch lyrische Texte (Gedichte) fiktional: Der Dichter/Die Dichterin gestaltet mit Sprache ein Bild von einer Welt, die es in der Realität so oft nicht gibt, aber vielleicht geben könnte.
In einem Gedicht spricht ein Einzelner zum Beispiel über

- sein **Verhältnis zur Welt** (z. B. Natur, Gesellschaft, Familie, Krieg, Frieden ...),
- die **Beziehung der Menschen** zueinander (Hoffnung, Trauer, Liebe, Verrat ...),
- seine **Erkenntnisse vom Menschen** („Was ist der Mensch?", „Wer bin ich?" ...).

Das Gedicht ist kürzer als andere literarische Texte und oft in Strophen und Verse gegliedert. Gedichte sind durch einprägsame Bilder, besondere sprachliche Wendungen und durch Klang gestaltet. Deshalb erreichen sie ihre volle Wirkung oft erst im Vortrag. Für das Lesen und Verstehen eines Gedichtes kann es deshalb wichtig sein, es immer wieder laut zu lesen.
In Vorbereitung auf die Prüfung solltest du üben, mit dem „stummen" Lesen die gleiche Wirkung wie mit dem lauten Lesen zu erzielen.

Spätsommerabend
von Louis Fürnberg (1909–1957)

Die Äpfel an den Bäumen,
die wiegt ein leiser Wind,
die letzten Rosen träumen,
der Sommerfaden spinnt.

Es färbt mit abendzarten
Pastellen Zaun und Haus
die Sonne hinterm Garten.
Die Wiese atmet aus.

Leis raschelts in den Bäumen.
Die Taube gurrt im Schlag.
Wir sitzen und wir träumen.
Es war ein guter Tag.

(1951)

Das Gedicht als Ganzes erfassen und erste Beobachtungen festhalten

Für das Untersuchen und Verstehen von Gedichten – und damit für das Lösen der Lese- und Schreibaufgaben – ist es wichtig, sich vor dem Beantworten der einzelnen Fragen einen Gesamteindruck vom Gedicht zu verschaffen. Die folgenden Schritte können dir dabei helfen.

Den Titel und die Grundstimmung des Gedichtes erschließen

Der Titel
Der Titel enthält oft wichtige Informationen zur Bedeutung des gesamten Gedichtes. Wird der Titel überlesen, besteht die Gefahr, das Gedicht nur unvollständig oder falsch zu verstehen.

1 *Lies den Titel des Gedichtes. Kreuze die richtige Aussage an.*

Welche Aussage ist richtig?	richtig	falsch
Im Gedicht wird ein später Abend im Sommer beschrieben.	☐	☐
Im Gedicht wird ein Abend im Spätsommer beschrieben.	☐	☐
Im Gedicht wird ein später Sommerabend beschrieben.	☐	☐

2 a) *Lies das Gedicht zuerst langsam und stumm, danach noch einmal laut. Welche Grundstimmung baut das Gedicht auf? Kreuze an.*

☐ bedrückend/unheimlich ☐ einsam/traurig
☐ bedrohlich/beängstigend ☐ friedlich/harmonisch

b) *Welche sinntragenden Wörter rufen diese Grundstimmung hervor? Schreibe aus jeder Strophe zwei sinntragende Wörter auf.*

TIPP
Sinntragende Wörter sind wichtig für das Verstehen eines Gedichtes. Es können einzelne Wörter oder Wortgruppen sein.

Strophe 1: ______________________________

____

Strophe 2: ______________________________

____

Strophe 3: ______________________________

____

Erste Beobachtungen zum Gedicht festhalten

3 a) *Lies das Gedicht aktiv: Markiere Auffälliges.*
b) *Notiere während der Arbeit am Gedicht wichtige Beobachtungen. Vielleicht helfen sie dir bei späteren Lese- und Schreibaufgaben.*
c) *Lassen sich im Gedicht Wörter mit einer ähnlichen Bedeutung einem Wortfeld zuordnen? Schreibe die Wortfelder auf und ordne ihnen die entsprechenden Wörter zu.*

____

____

Das Thema des Gedichtes bestimmen

Das Thema

Das Thema ist ein Grundgedanke oder ein Grundproblem, das der Dichter/die Dichterin im Gedicht aufgreift und gestaltet. Gefragt wird zum Beispiel nach der Beziehung des Menschen

- zur Natur (z. B. Einklang oder Zerstörung, Verantwortung, Fahrlässigkeit ...),
- zu gesellschaftlichen, politischen oder kulturellen Fragen (z. B. Beziehung der Geschlechter und Generationen, Ehe und Sexualität, Fragen der Erziehung, Fragen des moralischen Verhaltens, Verantwortung der Medien ...),
- zur Wissenschaft (z. B. deren Möglichkeiten, Risiken und Grenzen, Verantwortung und Missbrauch ...),
- zu anderen Menschen (z. B. Achtung, Verantwortung, Kommunikation oder deren Verlust ...).

Oft lassen sich in einem Gedicht **mehrere thematische Aspekte** finden. Welche der Leser/die Leserin entdeckt, wird häufig von den eigenen Lebenserfahrungen und Sichtweisen bestimmt.

Das Thema beeinflusst Aufbau und Gestaltung des Gedichtes. Vollständig kannst du das Thema oder verschiedene thematische Aspekte erst erschließen, nachdem du das Gedicht gründlich analysiert hast. Die erste Deutung zum Thema wird auch als **Interpretationshypothese** bezeichnet. Eine Hypothese ist eine noch unbewiesene Vermutung/Annahme. Am Ende deiner Untersuchung solltest du deine erste Deutung zum Thema überprüfen und eventuell korrigieren oder erweitern, indem du fragst:

- Stimmt meine Interpretationshypothese mit meinen Untersuchungsergebnissen überein?
- Wie kann ich meine Deutungen am Text belegen?

1 *Welcher thematische Aspekt passt zu dem Gedicht „Spätsommerabend“? Kreuze an.*

- ☐ Die Erziehung zu einem verantwortungsvollen Umgang mit der Natur.
- ☐ Die Unfähigkeit von Menschen, miteinander zu kommunizieren.
- ☐ Der drohende Verlust des naturverbundenen Lebens auf dem Lande.
- ☐ Der besondere Einklang in der Beziehung vertrauter Menschen.

2 *Bilde eine Interpretationshypothese zu einem weiteren thematischen Aspekt. Nutze dazu deine Ergebnisse von den Seiten 27 und 28. Ergänze den Satz.*

Im Gedicht von Louis Fürnberg wird ______________________________

______________________________ thematisiert.

3 *Prüfe am Ende deiner Untersuchungen, ob deine Interpretationshypothese zutrifft.*

Das Gedicht und seine Ebenen

Das Gedicht und seine Ebenen

Ein Gedicht bildet eine Einheit aus Bild, Klang und Sinn. Diese drei Ebenen setzen sich aus verschiedenen Teilen zusammen, die in enger Wechselwirkung stehen.

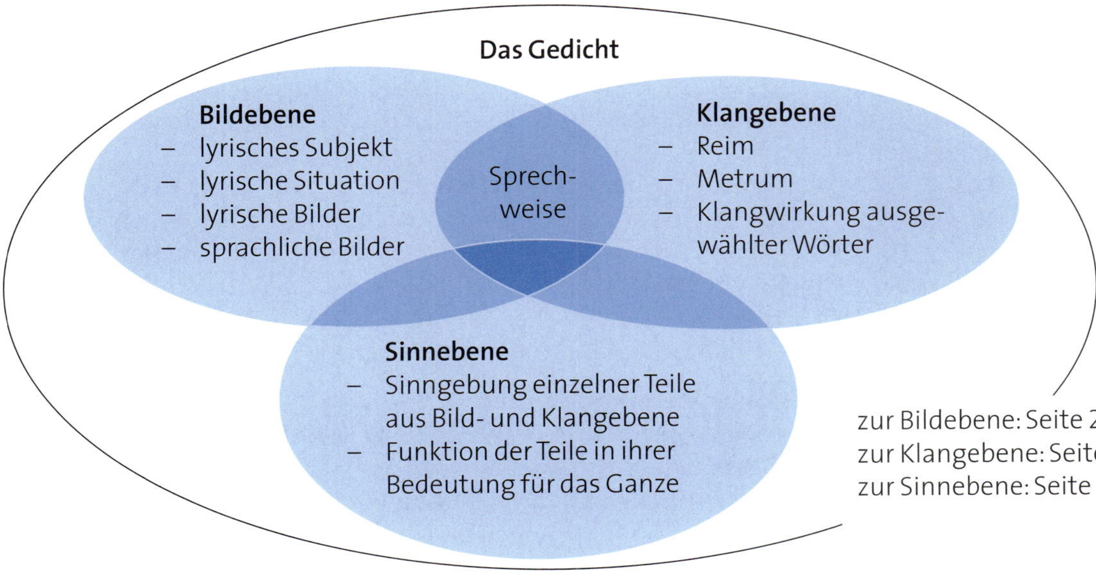

zur Bildebene: Seite 29–34
zur Klangebene: Seite 35–36
zur Sinnebene: Seite 37

Untersuchungsfragen zu den drei Ebenen

- Welche fiktionale Welt stellt der Autor/die Autorin im Gedicht dar?
- Wie und mit welchen Mitteln gestaltet er/sie diese Bildwelt?
- Welche Bedeutung siehst du in der vom Autor/von der Autorin gestalteten Welt?

Die Bildebene untersuchen: das lyrische Subjekt

Das lyrische Subjekt

Das lyrische Subjekt ist der Sprecher/die Sprecherin im Gedicht. Es teilt uns seine Beobachtungen, Gedanken und Gefühle mit. Als Teil der Bildebene gehört es zur fiktionalen Welt im Gedicht: Das lyrische Subjekt ist also nie der Dichter/die Dichterin selbst. Er/Sie lässt jemanden die Welt sehen und bewerten. Dabei unterscheidet man **zwei Formen des lyrischen Subjekts**:

Das lyrische Ich
ist im Gedicht erkennbar am Pronomen **ich/mein**. Es hat eine konkrete Gestalt:

Ich seh von des Schiffes Rande
Tief in die Flut hinein (...)
(Eichendorff: Meeresstille)

Manchmal spricht das lyrische Ich als Teil einer Gruppe für andere mit, erkennbar am Pronomen **wir/uns**:

Wir sitzen alle im gleichen Zug (...)
(Kästner: Das Eisenbahngleichnis)

Das gestaltlose lyrische Subjekt
erscheint im gesamten Gedicht in keiner konkreten Gestalt (kein Personal- oder Possessivpronomen). Als Sprecher ist es nur erkennbar daran, wie es die Welt im Gedicht sieht und wertet. Der Schiffer im folgenden Gedicht ist nicht der Sprecher im Gedicht. Er wird von einem gestaltlosen Sprecher beobachtet.

Tiefe Stille herrscht im Wasser,
Ohne Regung ruht das Meer,
Und bekümmert sieht der Schiffer
Glatte Fläche ringsumher.
(Goethe: Meeresstille)

1 *Wen lässt der Dichter im Gedicht „Spätsommerabend" sprechen? Schreibe auf, welche Form das lyrische Subjekt hat, und belege deine Aussage mit einem Textzitat.*

TIPP
Im gesamten Gedicht gibt es immer nur eine Form des lyrischen Subjekts.

Form: ______________________________

Beleg: ______________________________

____

Bildliche Vorstellungen zum lyrischen Subjekt
Um zu erkennen, mit welcher Haltung das lyrische Subjekt die Welt sieht und wertet, kann es hilfreich sein, es sich bildlich vorzustellen. Dabei helfen dir Fragen nach seinem **Geschlecht**, seinem möglichen **Alter** und **Aussehen**. Bei manchen Gedichten kann es wichtig sein, nach der **Herkunft**, der **Religion** oder nach dem **moralischen** und **politischen Standpunkt** des lyrischen Subjekts zu fragen. Manchmal findest du im Gedicht konkrete Belege zum Charakter des lyrischen Subjekts, manchmal musst du dir, ausgehend vom Text, mit Fantasie das lyrische Subjekt ausmalen.

Gehe beim Erschließen des lyrischen Subjekts in drei Schritten vor:
1. Markiere, wenn vorhanden, die Personal- oder Possessivpronomen im Gedicht.
2. Bestimme auf dieser Grundlage die Form des lyrischen Subjekts.
3. Stelle dir das lyrische Subjekt bildlich vor. Prüfe, ob du Textbelege für deine Vorstellungen findest.

2 *Stell dir das lyrische Subjekt im Gedicht „Spätsommerabend" bildlich vor und beschreibe es in deinem Heft. Begründe deine Vorstellung mit Textbelegen.*

Bildliche Vorstellungen zur lyrischen Situation
Jeder Mensch handelt, spricht, denkt und empfindet in einer konkreten Situation. Auch das lyrische Subjekt wird vom Dichter/von der Dichterin in eine ganz bestimmte Situation gestellt. Die lyrische Situation (Ort, Zeit, gesellschaftliche und persönliche Umstände des lyrischen Subjekts) kannst du **aus dem Text erschließen**. Sie fordert jedoch auch deine Erfahrung und **Vorstellungskraft**.

3 *Beschreibe die lyrische Situation.*
a) *Beantworte die folgenden Fragen in deinem Heft.*
b) *Prüfe, ob du deine Antworten am Text belegen kannst oder ob du mit deiner Fantasie gearbeitet hast.*
c) *Schreibe die Textbelege, falls vorhanden, auf.*

Was erfährst du über den Zeitpunkt des Geschehens?

Textbeleg (Zeile ____): ______________________________

Wo befindet sich das lyrische Subjekt?

Textbeleg (Zeile ____): ______________________________

Womit könnte das lyrische Subjekt gerade beschäftigt sein?

Textbeleg (Zeile ____): ______________________________

Wer könnte bei ihm sein?

Textbeleg (Zeile ____): ______________________________

LYRISCHE UND SPRACHLICHE BILDER ERSCHLIESSEN

Lyrische Bilder
Das Gedicht lässt sich mit einem Bild vergleichen. Wie ein Maler baut auch der Dichter/die Dichterin das Bildganze aus verschiedenen Teilen auf. Man bezeichnet die Teile als lyrische Bilder. Viele lyrische Bilder könnte man malen oder auch filmisch darstellen.

Folgende Fragen helfen dir beim Erschließen lyrischer Bilder:
- Was sieht, hört, riecht, spürt das lyrische Subjekt?
- Wie bewertet/deutet das lyrische Subjekt das, was es wahrnimmt?
- Erfahre ich, was das lyrische Subjekt über die Welt um sich herum denkt und wie es sich dabei fühlt?

Sprachliche Bilder
Um die Anschaulichkeit und Ausdruckskraft lyrischer Bilder zu steigern, nutzt der Dichter/die Dichterin oft sprachliche Bilder. Besonders häufig triffst du in Gedichten auf Vergleiche, Personifikation und Metaphern.

1 *Untersuche die lyrischen und sprachlichen Bilder der ersten Strophe.*

a) *Notiere, was das lyrische Subjekt konkret sieht.*

____

____

____

b) *Mit welchem sprachlichen Bild arbeitet der Dichter in Vers 2 und 3? Notiere.*

____

c) *Wie stellst du dir die träumenden Rosen vor? Beschreibe das Bild, das du vor Augen hast.*

____

____

____

____

d) *Deute das lyrische Bild in Vers 4.*

____

____

____

____

e) *Welches sprachliche Bild verwendet der Dichter deiner Deutung in d) zufolge? Kreuze an.*

☐ Metapher ☐ Hyperbel ☐ Personifikation ☐ Vergleich

2 *Untersuche die lyrischen und sprachlichen Bilder der zweiten Strophe.*

a) *Stell dir vor, du solltest das lyrische Bild in den Versen 5–7 malen. Beschreibe, was auf deinem Bild zu sehen wäre und welche Farben du verwenden würdest.*

b) *Wohin wandert der Blick des lyrischen Ich in der zweiten Strophe? Notiere.*

c) *„Die Wiese atmet aus." Bestimme das sprachliche Bild und deute es. Findest du mehrere Deutungsmöglichkeiten?*

Sprachliches Bild	Deutung
	1.
	2.

3 *Untersuche die dritte Strophe.*

a) *Vergleiche die dritte mit der ersten Strophe. Welche Gemeinsamkeit und welchen Unterschied in der Wahrnehmung des lyrischen Ich kannst du feststellen? Notiere.*

Gemeinsamkeit	Unterschied

b) *Deute den letzten Vers. Was könnte das lyrische Subjekt mit dieser Aussage meinen?*

4 *Leite aus der sprachlichen Gestaltung der Strophen ab, wie das lyrische Subjekt seine Umwelt wahrnimmt.*

a) *Die vier Verse der ersten Strophe sind nur durch Kommas voneinander getrennt. Im Vergleich dazu steht in der dritten Strophe am Ende jedes Verses ein Punkt. Was kannst du daraus über die Art und Weise der Wahrnehmungen schließen? Notiere.*

TIPP
Die Art und Weise, die Umwelt zu betrachten, kann sehr unterschiedlich sein. Der Blick kann viele Dinge gleichzeitig wahrnehmen oder auf einem Ding verweilen. Er kann schnell oder langsam von Punkt zu Punkt wandern.

b) *In den Versen 5 und 6 verwendet der Dichter ein Enjambement. Schreibe auf, welche Art und Weise der Wahrnehmung damit verdeutlicht wird.*

TIPP
Enjambement bedeutet „Zeilensprung“. Am Ende eines Verses wird beim Sprechen keine Pause gemacht.

5 *Stell dir vor, du solltest in einem Videoclip zeigen, was das lyrische Subjekt sieht und hört und wie es die Dinge wahrnimmt.*
- *Welche Bilderfolge würdest du zeigen?*
- *Wie lange würdest du auf einem Gegenstand verweilen?*
- *Welche Kameraeinstellungen (Totale, Nah, Detail) würdest du wann nutzen?*
- *An welchen Stellen würdest du Bild und Ton kombinieren?*

Vervollständige die Tabelle in deinem Heft.

Bild-Nr./ Vers	Dauer	Bildinhalt	Kameraeinstellung und -bewegung	Toninhalt
Bild 1 V.1–2	5 sek.	Apfelbäume Zweige mit Äpfeln, die Zweige bewegen (wiegen) sich ganz leicht	Totale > Zoom Halbnah	
			Schwenk abwärts	

6 *Beschreibe nun noch einmal die lyrische Situation im Gedicht „Spätsommerabend“. Beziehe deine Untersuchungen zur Bildebene mit ein.*

DIE SPRECHWEISE DES LYRISCHEN SUBJEKTS ERSCHLIESSEN

Die Sprechweise
Die Sprechweise des lyrischen Subjekts wird bestimmt von der **Situation**, in der das lyrische Subjekt spricht, von seinem Denken und Fühlen und von seiner **Sprechabsicht**: Es kann sich aussprechen, andere ansprechen oder über etwas sprechen. Auch die Klangebene (Reim, Metrum, Klangwirkung bestimmter Wörter) beeinflusst die Sprechweise.
Die Sprechweise ist ein **Bindeglied zwischen Bild- und Klangebene** des Gedichtes.
Sieh dir dazu das Schaubild auf Seite 29 an.

1 *Was ist die Sprechabsicht des lyrischen Ich in „Spätsommerabend"? Kreuze an:*

- ☐ Das lyrische Ich spricht über Beobachtungen, die es macht/gemacht hat.
- ☐ Das lyrische Ich spricht sich aus: über sich selbst, seine Erlebnisse, Gedanken und Gefühle.
- ☐ Das lyrische Ich spricht andere an: macht sie auf etwas aufmerksam und fordert sie zu etwas auf.
- ☐ Das lyrische Ich spricht andere an und fordert sie zu etwas auf.

2 *Welche Sprechweise passt zur Situation des lyrischen Subjekts im Gedicht „Spätsommerabend"? Probiere aus, welche der folgenden Möglichkeiten ganz (1), eher weniger (2) oder gar nicht (3) angemessen ist. Zitiere Wörter, deren Klangwirkung zu dieser Sprechweise beiträgt.*

TIPP
Das Untersuchen der **Sprechweise des lyrischen Subjekts** ist eine wichtige Analysemethode. Um die passende Sprechweise zu erschließen, bietet es sich an, das Gedicht in verschiedenen – auch scheinbar abwegigen – Varianten laut/halblaut zu sprechen.

Sprechweise	**Angemessenheit (1/2/3)**	**Textbeleg**
laut	______	______
aufrüttelnd	______	______
mitleidig	______	______
traurig	______	______
zweifelnd	______	______
ruhig/gelassen	______	______
leise	______	______
rufend/schreiend	______	______
freudig	______	______
nachdenklich	______	______
stockend	______	______

DIE KLANGEBENE DES GEDICHTES UNTERSUCHEN: REIMFORM UND METRUM

Die Reimform und ihre Funktion im Gedicht bestimmen

Die häufigsten Reimformen	Beispiele		Klangwirkung
Paarreim Reimschema: aabb	Auf die Erde voller kaltem Wind Kamt ihr alle als ein nacktes Kind. Frierend lagt ihr ohne alle Hab, Als ein Weib euch eine Windel gab. *(Brecht: Von der Freundlichkeit der Welt)*	(a) (a) (b) (b)	Es entstehen Gedankenpaare, die aufeinanderfolgen. Der Klang unterstützt den Eindruck des Erzählens.
Kreuzreim Reimschema: abab	Rauch, quellend über die Dächer, vom Gegenlichte gesäumt. Ich hab in die Eisblumenfächer deinen Namen geträumt. *(Eich: Dezembermorgen)*	(a) (b) (a) (b)	Der Kreuzreim gibt einem Vierzeiler Geschlossenheit. Durch den Wechsel des Klanges wirkt er bewegt, beschwingt, melodisch.
Unterbrochener Reim Reimschema: abcb	Ein Jüngling liebt ein Mädchen, Die hat einen andern gewählt; Der andre liebt eine andre, Und hat sich mit dieser vermählt. *(Heine: Ein Jüngling liebt ein Mädchen)*	(a) (b) (c) (b)	Der unterbrochene Reim ist eine Sonderform des Kreuzreimes. Dadurch, dass sich nur ein Paar reimt, klingt er einfacher und volkstümlicher als der Kreuzreim.
Umarmender Reim Reimschema: abba	Altes bröckelndes Gemäuer, Moos und Zwergfarn in den Ritzen; Durch die schwarzen Eiben blitzen Grell zerflockte Sonnenfeuer. *(Hesse: Alter Park)*	(a) (b) (b) (a)	Der umarmende Reim klingt kunstvoll. Häufig wird er für das Darstellen von Bildern oder Gedanken verwendet.

1 *Stelle das Reimschema fest, indem du in jeder Strophe für gleich klingende Versenden den gleichen Kleinbuchstaben notierst. Schreibe anschließend die Reimform auf.*

Die Äpfel an den Bäumen, ________
die wiegt ein leiser Wind, ________
die letzten Rosen träumen, ________
der Sommerfaden spinnt. ________

Es färbt mit abendzarten ________
Pastellen Zaun und Haus ________
die Sonne hinterm Garten. ________
Die Wiese atmet aus. ________

Leis raschelts in den Bäumen. ________
Die Taube gurrt im Schlag. ________
Wir sitzen und wir träumen. ________
Es war ein guter Tag. ________

Reimform: ________________________

TIPP
Sollte dir ein Gedicht begegnen, dessen Reimform du nicht kennst, schreibe nur das Reimschema auf.

Das Metrum bestimmen

Das Metrum ist das Muster für den Wechsel von betonten und unbetonten Silben.
Die häufigsten Metren sind:

Jambus (unbetont, betont: x x́)

x x́ x x́ x x́ x x́
Am grau-en Strand, am grau-en Meer (Storm: Die Stadt)

Klangwirkung: Der Jambus eignet sich für erzählende, betrachtende Gedichte. Eine ruhige Rede beginnt oft mit unbetonten Einsilbern (Artikel, Pronomen). Das gleichmäßige Auf und Ab sorgt für einen weichen, gleitenden Klang.

Trochäus (betont, unbetont: x́ x)

x́ x x́ x x́ x x́ x
Tie-fe Stil-le herrscht im Was-ser (Goethe: Meeresstille)

Klangwirkung: Durch den betonten Beginn klingt der Trochäus oft fester, bestimmter, eindringlicher, manchmal beschwörend. Er kann starken Empfindungen, einer Ahnung, Bedrückung oder Klage Ausdruck geben.

Daktylus (betont, unbetont, unbetont: x́ x x)

x x́ x x x́ x | x x́ x x x́ x
Die Ne-bel zer-rei-ßen, | Der Him-mel ist hel-le
(Goethe: Glückliche Fahrt)

Klangwirkung: Das Metrum klingt bewegt. Mit ihm können lebhafte Empfindungen ausgedrückt werden. Es kann tänzerisch, feierlich oder eindringlich klingen.

TIPP
Die **Klangwirkung** des Metrums ist gut zu erkennen, wenn du beim Sprechen die betonten Wörter besonders hervorhebst.

2 *Bestimme das Metrum in „Spätsommerabend".*

a) *Gliedere die Wörter des ersten Verses in Silben und markiere die zweisilbigen Wörter.*

Die / Äp / fel ______________________________

b) *Prüfe, wie du die zweisilbigen Wörter beim Sprechen betonst. Sagst du ÄP-fel oder äp-FEL …? Setze über die jeweils betonte Silbe das Betonungszeichen: x́.*

c) *Setze vor und hinter jede betonte Silbe eine unbetonte Silbe: x.*

d) *Welches Betonungszeichen kann über die Präposition „an" nur gesetzt werden? Vergleiche die Muster im Merkkasten und setze das entsprechende Betonungszeichen.*

e) *Setze diese Vorgehensweise für die drei folgenden Zeilen fort.*

TIPP
In deutschsprachigen Gedichten stehen nur sehr selten zwei betonte Silben nebeneinander.

Vers 2: ______________________________

Vers 3: ______________________________

Vers 4: ______________________________

f) *Bestimme das Metrum:*

____

3 *Beschreibe in deinem Heft die Klangwirkung des Reimes und des Metrums in „Spätsommerabend". Die Merkkästen können dir dabei helfen.*

Die Sinnebene des Gedichtes erschliessen

Das Gedicht als Ganzes deuten
Um das Gedicht als Ganzes zu deuten, setzt du deine Untersuchungsergebnisse zur Bild- und Klangebene zueinander in Beziehung. Überlege, welche Bedeutung diese Ergebnisse für das gesamte Gedicht haben können.
Folgende Fragen können dir helfen:

1. Gibt es Schlüsselsätze oder Schlüsselbilder im Gedicht? Welche Bedeutung haben sie für das ganze Gedicht?
2. Mit welcher Absicht könnte der Dichter/die Dichterin das lyrische Subjekt und dessen Situation so gestaltet haben?
3. Welche Problematik/Welches Thema wird im Gedicht angesprochen?
4. Welches Angebot zum Nachdenken wird den Lesern unterbreitet?
5. Zu welchen Gedanken, Gefühlen oder auch Fragen regt das Gedicht dich an?

1 *Setze den letzten Vers in Beziehung zum gesamten Gedicht. Welche Wirkung hat er für das Gedicht? Schreibe deine Deutung in dein Heft.*

2 *Warum hat Louis Fürnberg das lyrische Subjekt in seinem Gedicht nicht genauer bestimmt? Welche Wirkung hat das auf den Lesenden? Schreibe deine Deutung in dein Heft.*

3 *Entscheide, ob die folgenden Aussagen richtig oder falsch sind.*

	richtig	falsch
Das lyrische Subjekt spricht über sein Verhältnis zur Welt.	☐	☐
Das lyrische Subjekt spricht über menschliche Beziehungen.	☐	☐
Das lyrische Subjekt spricht von Erkenntnissen über die Menschen.	☐	☐

4 *Überprüfe deine Interpretationshypothese zum Thema des Gedichtes.*

a) *Haben sich deine ersten Überlegungen bestätigt oder musst du sie abändern? Notiere.*

____

____

b) *Sind dir weitere thematische Aspekte aufgefallen? Schreibe sie auf.*

____

____

5 *Schreibe auf, zu welchen Gedanken und Überlegungen das Gedicht dich anregt.*

____

____

____

____

Übungen zur Schreibkompetenz

In der Prüfung wird nicht von dir erwartet, dass du einen kompletten Interpretationsaufsatz schreibst. Du sollst stattdessen verschiedene kleinere Aufgaben lösen.

Die Aufgaben zur Überprüfung der Schreibkompetenz werden in drei Bereiche gegliedert:
- Texte planen und entwerfen
- Texte schreiben
- Texte überarbeiten

Texte planen und schreiben

Bevor du deinen Text planen kannst, musst du zunächst die Aufgabenstellung genau lesen. Kläre dann folgende Fragen:
1. Gibt mir die Aufgabenstellung einen bestimmten Adressaten vor? Das könnten z. B. deine Mitschüler sein oder der Empfänger eines Briefes usw.
2. Gibt mir die Aufgabenstellung eine bestimmte Textsorte vor? Das könnte z. B. eine Rezension für die Schülerzeitung oder ein persönlicher Brief sein.
3. Welche Ergebnisse deiner Textanalyse und -deutung wählst du aus?
4. Wie beginnst du deinen Text? Was schreibst du in die Einleitung?
5. Wie baust du deine Darstellung im Hauptteil logisch und nachvollziehbar auf?
6. Wie beendest du deinen Text? Was schreibst du in den Schluss?

Eine Einleitung planen und schreiben

Eine Einleitung planen und schreiben
Die Einleitung soll die Leser eines Textes/Aufsatzes über **Autor**, **Titel**, **Entstehungszeit** und **Thema** des Gedichtes informieren. Um das Interesse der Leser zu wecken, kannst du auch schon eine erste Wertung zum Gedicht einbringen.

1 *Beantworte die folgenden Fragen in Stichpunkten.*

1. Wer ist der Autor? ______________________________

2. Wann ist das Gedicht erschienen? ______________________________

3. Wie alt war der Dichter, als er das Gedicht schrieb? ______________________________

4. Welchen Titel hat das Gedicht? ______________________________

5. Welche Gedanken löst der Titel bei dir aus? ______________________________

____

6. Welches Thema gestaltet der Autor in seinem Gedicht? ______________________________

____

7. Welche anderen Gedichte zu diesem Thema kennst du? ______________________________

____

2 **a)** *Entwirf mit Hilfe von Aufgabe 1 zwei verschiedene Varianten zu einer Einleitung. Entscheide, inwieweit du die Stichpunkte zu den Fragen 3, 5 und 7 einbeziehst und in welcher Abfolge du die Stichpunkte anordnest. Notiere die Ziffern aus Aufgabe 1:*

Variante 1: ______________________ Variante 2: ______________________

b) *Entscheide, wie du die beiden Einleitungen beginnen willst. Wähle dazu für Variante 1 aus der linken und für Variante 2 aus der rechten Spalte einen Formulierungsansatz aus und kreuze ihn an.*

Das Gedicht „Spätsommerabend" wurde 1951 von … ☐	Der Titel „Spätsommerabend" weckt Erinnerungen an … ☐
Im Alter von 42 Jahren schrieb Louis Fürnberg dieses stimmungsvolle Gedicht über … ☐	Es gibt viele Gedichte, in denen die Beziehung des Menschen zur Natur thematisiert wird. Zu einem der schönsten gehört für mich das Gedicht … ☐
Vor über fünfzig Jahren, 1951, schrieb Louis Fürnberg das Gedicht „Spätsommerabend". Es gehört bis heute … ☐	Ein Abend im Spätsommer. Wer denkt dabei nicht an … ☐

3 *Schreibe die beiden Einleitungsvarianten mit Hilfe von Aufgabe 1 und 2.*

Variante 1: ______________________

Variante 2: ______________________

Den Hauptteil planen und schreiben

Den Hauptteil planen

Im Hauptteil stellst du ausgewählte Ergebnisse deiner Analyse und Interpretation geordnet dar. Sie sollen für die Leser deines Textes nachvollziehbar und überzeugend sein. Je genauer du deinen Hauptteil planst, umso leichter und zusammenhängender kannst du schreiben.

Der Hauptteil lässt sich in mehrere Teile gliedern. Jeder Teil konzentriert sich auf einen Schwerpunkt, dem du ausgewählte Untersuchungsergebnisse zuordnest. In der Prüfung kann es sein, dass du zwar den gesamten Hauptteil planen, dann aber nur zu einem ausgewählten Schwerpunkt schreiben musst.

Für den Aufbau deines Hauptteils solltest du überlegen:

1. Zu welchen drei bis vier Hauptfragen/Schwerpunkten will ich mich äußern?
2. Welche Untersuchungsergebnisse will ich jeder Hauptfrage/jedem Schwerpunkt zuordnen?
3. In welcher Abfolge will ich die Hauptfragen/Schwerpunkte und die Untersuchungsergebnisse anordnen?

Mind-Map und Gliederung

Für die Planung deines Hauptteils kannst du **zwei verschiedene Methoden** anwenden:

Die **Mind-Map** („Gedankenlandkarte"): Diese Methode steht der Gliederung sehr nahe. In die Mitte eines Blattes schreibst du einen zentralen Begriff, von dem aus du deinen Text aufbauen willst. Kreise ihn ein. Zeichne von der Mitte aus Linien. Schreibe an diese Linien Stichpunkte, die sich aus dem zentralen Begriff ableiten und die in deinem Text als Schwerpunkte dienen können. Von jedem Schwerpunkt gehen weitere Äste ab. Hier notierst du Unterpunkte, die sich den Schwerpunkten (Oberbegriffen) zuordnen lassen.

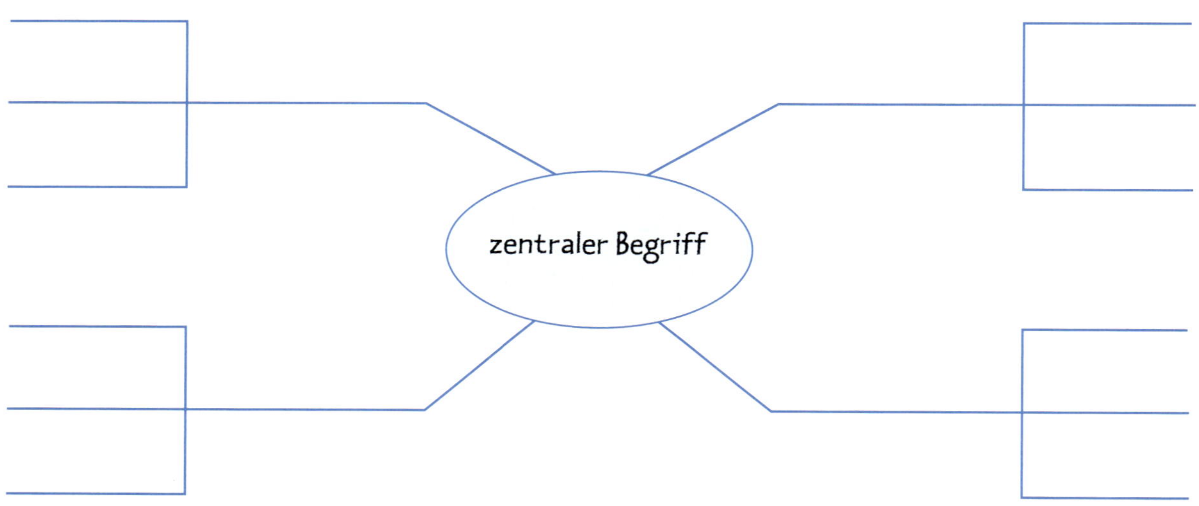

Die **numerische Gliederung**: Im Unterschied zur Mind-Map werden die einzelnen Schwerpunkte und Unterpunkte bei der Gliederung sofort in eine Abfolge gebracht. Bei der Darstellung deiner Gliederungspunkte hast du zwei Möglichkeiten:

- Die Schwerpunkte werden als Teilüberschriften formuliert, denen die Unterpunkte zugeordnet werden.
- Die Schwerpunkte werden als Fragen formuliert, denen die Unterpunkte im Sinne von Antworten zugeordnet werden.

Achte darauf, dass du dich in deiner Gliederung für eine durchgängige Form entscheidest.

1 *Erarbeite eine Mind-Map für den Hauptteil eines Aufsatzes zum Gedicht „Spätsommerabend“. Ordne dazu den fünf Aspekten die entsprechenden Untersuchungsergebnisse zu. Nutze die Stichpunktliste.*

- lyrisches Ich
- Funktion des Metrums
- ruhig, gelassen, leise
- Alter, Aussehen, Geschlecht
- Ort, Zeit, Gesellschaft
- Bedeutung der letzten Zeile
- Metapher, Vergleich, Personifikation
- Jambus
- Wir-Form
- Vorstellungen zur lyrischen Situation
- Enjambement
- Zeichensetzung
- Garten, Haus, Apfelbaum, Vögel
- guter Tag
- Kreuzreim
- Funktion der Reimform

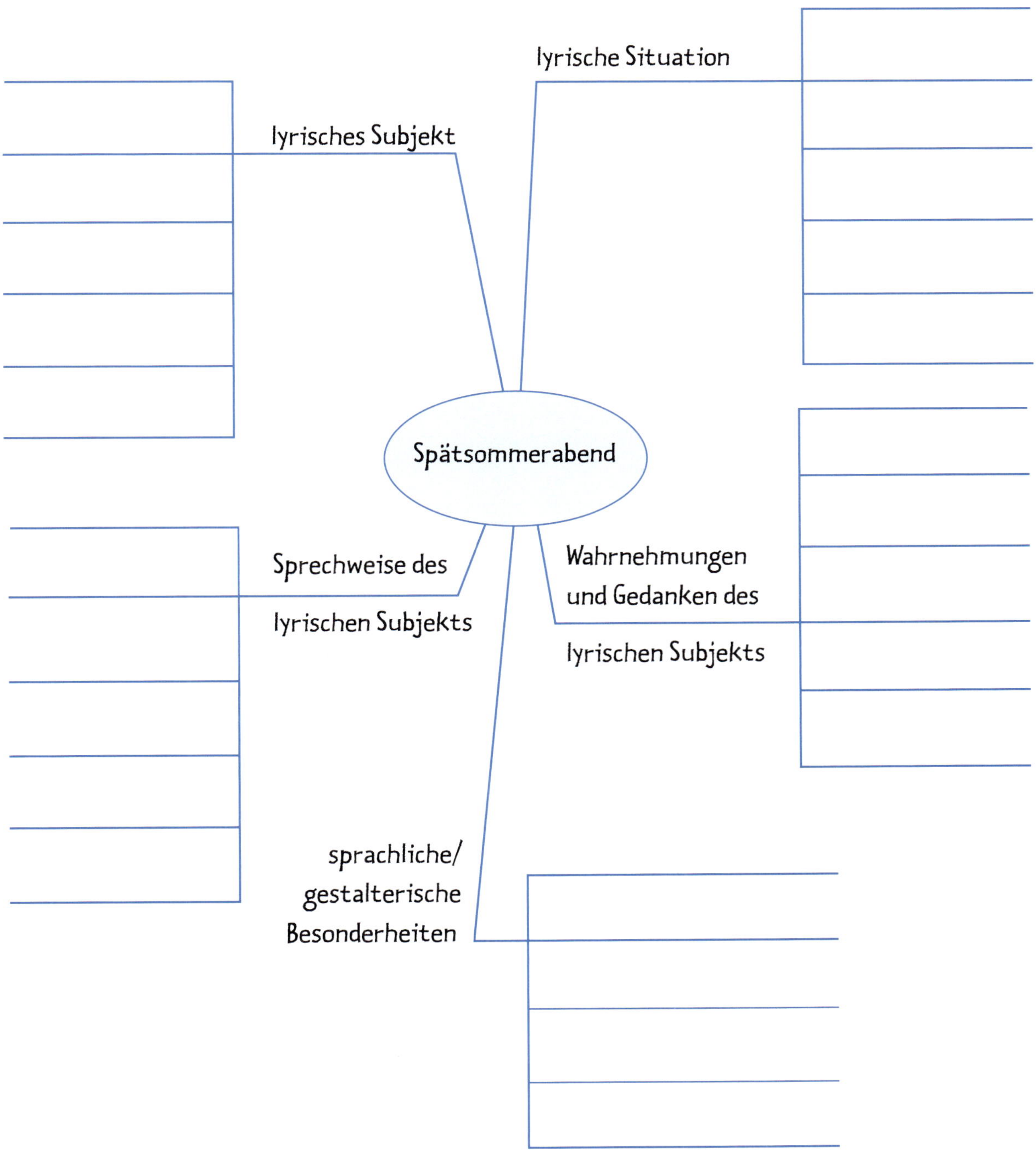

2 *Erarbeite eine numerische Gliederung zum Hauptteil des Aufsatzes. Setze dazu die folgende Gliederung mit Hilfe der Mind-Map (Aufgabe 1) fort.*

1. Einleitung
2. Hauptteil
2.1 Zur Gestaltung des lyrischen Subjekts
2.1.1 lyrisches Ich, Wir-Form
2.1.2 bildliche Vorstellungen: Alter, Aussehen, Geschlecht
2.2 Zur Gestaltung der lyrischen Situation

3 *Stelle in einem zusammenhängenden Text deine Untersuchungsergebnisse zum lyrischen Subjekt und zur lyrischen Situation dar.*

Abschlussprüfung

Deutsch

Sekundarstufe I
Brandenburg

Lösungsteil

Cornelsen
VOLK UND WISSEN

1 Die Aufgabenformate

Seite 6

1
b) Die Antwortmöglichkeiten unterscheiden sich:
- in der Beschreibung der Menge („rund, knapp, mehr als"),
- der Anzahl der Schüler insgesamt und
- der Menge pro Tag/Woche/Urlaubszeit.

c) Schlüsselwörter: Schulschwänzerzahlen, rund 50 000 Schüler pro Tag
e) Die Antworten a) und b) sind falsch, da die Anzahl der Schulschwänzer bzw. die Menge pro Tag/Woche nicht korrekt sind. Antwort d) ist falsch, da die Angabe ungenau ist. Die britischen Schüler schwänzen nicht nur während der Urlaubszeit. Es sind täglich rund 50 000 Schüler, die nicht zur Schule gehen.
f) Antwort c) ist richtig.

Seite 7

2
a) falsch, b) falsch, c) richtig

3
Es gehören zusammen: 1 c, 2 b, 3 a

2 Nicht fiktionale Texte

Seite 9

2 a) + b)
Text A:
Textfunktion: expressiv-wertend
Textsorte: Leserbrief
Text B:
Textfunktion: darstellend-informierend
Textsorte: Fachtext
Text C:
Textfunktion: expressiv-wertend
Textsorte: Leserbrief
Text D:
Textfunktion: darstellend-informierend
Textsorte: Fachtext
Text E:
Textfunktion: expressiv-wertend
Textsorte: Kommentar
Text F:
Textfunktion: appellativ-auslösend
Textsorte: Aufruf

Seite 10

1 *So könnte deine Lösung lauten:*
Text A: In dem Brief an die Zeitschrift bewertet der Autor/die Autorin einen bestimmten Artikel als gelungen und bedankt sich dafür.
Text B: In dem Fachtext wird der Begriff „Reportage" definiert.
Text F: Die Autorin/der Autor appelliert an die Leser, mitzuhelfen, Kulturschätze im Irak und überall in der Welt zu erhalten.

Seite 11

1 *So könnte deine Lösung lauten:*
In dem Bericht „Technik kann auch Ängste mindern" geht es um das Kapselendoskop, seine Erfindung, seine Funktionsweise und die Vorteile, die es bietet.

1 *(unten) So könnte deine Lösung lauten:*
Meinungen/Wertungen:
Freue mich, gut gelungen, ... sind wir selbst am meisten behindert, wäre wünschenswert, kaum überschaubare Fülle, macht es schwer, heilsame Wirkung, Verlust, bedrohen, Kulturschätze

Seite 12

1
a) Der Text hat eine expressiv-wertende Funktion.
b) Der Autor/die Autorin nimmt Stellung zu dem Problem, dass unnötigerweise immer mehr englische Ausdrücke verwendet werden.
c) wichtigtuerischem, Denglisch, „Hand-out beim Check-in liege" (Anführungszeichen), mit eigenen Ohren, „One-to-One-Meetings" (Anführungszeichen), Unsereiner hätte (Abgrenzung), Die beiden haben sich wahrscheinlich auch noch gegenseitig „gebrieft" (ironischer Unterton)
d) Der Autor/die Autorin wendet sich spöttisch dagegen, dass sich Menschen wichtigmachen, indem sie unnötige englische Begriffe oder Wendungen verwenden.

Seite 13

1
Der Ingenieur für Optoelektronik, Gavriel Iddan, entwickelte ein neues Gerät, das Kapselendoskop, um Erkrankungen im Bauch besser untersuchen zu können. Es ist nicht größer als eine Vitaminkapsel und enthält Kamera, Batterie, Lichtquelle und einen Sender. Durch die Einnahme der Kapsel können Operationen vermieden werden. Die Kamera sendet Bilder zum Empfangsgerät am Gürtel des Patienten, der auf das Erscheinen der Kapsel zu Hause warten, aber auch arbeiten gehen kann. Unnötige Untersuchungsschmerzen werden so vermieden.

Seite 14

2 *So könnte deine Lösung lauten:*
Das Kapselendoskop enthält eine Kamera, eine Batterie, eine Lichtquelle und einen Sender. Es ist etwa so groß wie eine Vitaminkapsel. Das Kapselendoskop wird vom Patienten geschluckt. Die Kapsel bewegt sich schmerzlos durch den Darm und nimmt Bilder auf. Diese werden an ein Empfangsgerät, das sich am Gürtel des Patienten befindet, gesendet und dort gespeichert.

Seite 17

1

a) Der Autor, Jan Schweitzer, will mit seinem Text hauptsächlich seinen Standpunkt zum Thema darstellen.
b) wertender Text; Kommentar

2

a) zentrales Thema: „Piercing“; Teilthemen: mögliche Folgen des Körperschmucks
b) richtige Lösung: d

3

Der Autor setzt sich mit dem Problem „Piercing“ auseinander, indem er über die Folgen dieses Körperschmucks informiert.

Seite 18

1

Zutreffende Aussagen: a, c, d

2

Richtige Lösung: 1 d und 2 c

3

Mögliche Gefahren und Folgen von Piercing:
- konkrete Beispiele von Komplikationen
- Informationen zum Umfang der davon Betroffenen
- Angaben zum finanziellen Aufwand solcher Komplikationen
- Aussagen zur Haltung der Ärzte

Seite 19

1

Überschrift: ja
Teilüberschriften: nein
Absatzgliederung: ja
Nichtsprachliche Elemente: ja
Besondere Gestaltungselemente: nein

2

a) Der Autor möchte mit der Überschrift Aufmerksamkeit erregen.
b) Ohne Textkenntnis ist für den Leser kein Inhaltsbezug erkennbar. Vermutet werden kann aber ein gesundheitlicher Bezug und dass es sich um einen schmerzhaften Vorgang mit Bezug auf das Augenlid handeln muss.
c) Die Überschrift bezieht sich auf den gesamten achten Abschnitt.

3

Anzukreuzendes: direkter Einstieg, Fallbeispiel, Rahmengeschichte

4 *So könnte deine Lösung lauten:*

Der Vorspann stellt die Hauptaussage sachlich dar, im Unterschied zur reißerischen Überschrift, und benennt das Thema des Textes. Dadurch werden beim Leser genauere Vorerwartungen zum Inhalt des Textes erzeugt, die so durch die Überschrift nicht gegeben waren. Außerdem wird der Leser in eine vom Autor gewünschte Grundhaltung gebracht.

Seite 20

5 *So könnte deine Lösung lauten:*
Der Text greift zum Schuss die Einstiegsgeschichte wieder auf. Der Autor berichtet über die Reaktion der betroffenen Patientin. Diese ist für den Leser überraschend und unerwartet, da man nach dem Lesen des Falles eher mit Dankbarkeit gerechnet hätte. Damit wird nochmals eine abschließende Wertung des Autors zur Uneinsichtigkeit der Betroffenen abgegeben.

6

a)

Vorspann:	Ärzte beklagen Folgen des Piercings
Abschnitt 1:	Arzt muss Intimpiercing beseitigen, damit Kind natürlich zur Welt kommen kann
Abschnitt 2:	Piercing kann Hepatitis B oder C hervorrufen
Abschnitt 3:	Piercing kann Herzklappen zerfressen
Abschnitt 4:	alarmierende Anzahl der Betroffenen: bei jedem fünften Gepiercten Entzündungen oder Allergien (600 000 Menschen in Deutschland)
Abschnitt 5:	meist schlechte hygienische Bedingungen beim Stechen oder Piercen durch Ungelernte
Abschnitt 6:	Zunge kann beim Piercen binnen Sekunden mit Blut volllaufen, anschwellen und so die Atemwege versperren; Erstickungsgefahr
Abschnitt 7:	Piercing kann auch an Augen und Ohren Schäden hinterlassen; diese teilweise nur noch mit enormem Aufwand zu bekämpfen
Abschnitt 8:	Gesichtspiercing kann durch Eindringen von Metallen in die Blutbahn zu Hornhautvergiftung führen
Abschnitt 9:	derartige Komplikationen kosten schätzungsweise einen zweistelligen Millionenbetrag
Abschnitt 10:	sogar Kleinkinder und Säuglinge werden gepierct; trotz vieler Komplikationen fordern nur die wenigsten Ärzte ein generelles Piercingverbot; kontroverse Diskussion darüber, wer piercen sollte
Abschnitt 11:	Frau aus Einstiegsbeispiel fordert Schadensersatz

b) Gedankengang:
So könnte deine Lösung lauten:
- sachliche Benennung des Themas nach reißerischer Überschrift
- Einführung in die Problematik durch anschauliches Fallbeispiel
- Beschreibung möglicher Folgen von Piercing für die Leber, das Herz
- Relativierung der drastischen Beispiele, Hintergrundinformation, Fakten
- Ursachen für häufige Negativfolgen und Schäden von Piercing: unzureichende Bedingungen und ungelernte Piercer
- drastische Beschreibung möglicher Gefahren beim Zungenpiercing
- Beschreibung möglicher Schäden an Augen und Ohren durch Beispielsdarstellung durch HNO-Arzt mit Zitat (Autoritätsbeleg)
- Beispielsdarstellung durch Augenarzt (Behandlung wegen Hornhautvergiftung), Zitat als Überschrift
- Hintergrundinformationen, Fakten und Zahlen zu Kosten
- Darstellung unterschiedlicher Auffassungen in der Ärzteschaft
- grotesker Ausgang des Fallbeispiels zu Beginn (Rahmen)

7
Gestaltungsmittel: Expertenmeinung, Hintergrundinformationen, Fallbeispiel, Beschreibung der aktuellen Situation, anschauliches Beispiel, Zahlen und Daten, sprachliche Bilder

Seite 21

1 *So könnte deine Lösung lauten:*
a) Der Autor betont die möglichen Schäden und ist daher eher gegen Piercing.
Der Autor sieht die Gefahren und gesundheitlichen Folgen, die vom Piercing ausgehen können, und möchte davor warnen. Er will für dieses Problem sensibilisieren. Er will erreichen, dass die Leser genau überlegen, ob sie sich piercen lassen.
b) *So könnte deine Lösung lauten:*
Der Autor ist nicht vom Piercing angetan. Er sieht die Gefahren, die davon ausgehen können. Er findet, dass sich jeder gründlich überlegen sollte, ob er sich piercen lässt. Darüber hinaus kann man einen Appell an die Leser erkennen, sich solche Entscheidungen genau zu überlegen und auf bestimmte Standards zu achten.

2
Der Autor
- äußert sich sehr zurückhaltend.
- unterlegt seine Meinung mit Beispielen.
- schildert das Problem sachlich.
- führt Autoritätsbelege an.
- appelliert an die Leser.
- lässt die Fakten sprechen.

3
a) *Mögliche Sätze:*
„In Studios oder auf Flohmärkten fuhrwerken oftmals Ungelernte an Augenlid, Bauchnabel oder Ohr herum".
„Jeder in Deutschland darf – ohne Schulung – ein Piercinggeschäft eröffnen."
„Nicht selten stechen die Piercer zu, ohne je etwas von Desinfektion gehört zu haben."
b) „hing ‚nur noch ein Hautsack' herunter", „zerfressene Herzklappen", „Knorpel ‚komplett kaputt", „drastische Folgen", „verwundert nicht"

Seite 22

4
a)
1. Bei jedem fünften Gepiercten kommt es zu Entzündungen oder Allergien.
2. Solche Komplikationen kosten in Deutschland „sicher einen zweistelligen Millionenbetrag".
3. Berichtet wird von Patienten, deren Herzklappen zerfressen wurden ...

b) zerfressenen Herzklappen, Hornhautvergiftung, Erstickungsgefahr

5
überwiegend indirekt
(Der Autor äußert seinen Standpunkt nicht direkt: An keiner Stelle sagt er, dass er gegen das Piercen ist. Seine Haltung muss erschlossen werden.)

1 *So könnte deine Lösung lauten:*
a)
- Nein, eine konkrete Aussage des Textes wird nicht ergänzt bzw. veranschaulicht.
- Mit der Grafik wird der Text um einen ästhetischen Aspekt erweitert. Dargestellt ist das Meinungsspektrum der deutschen Bevölkerung zur Attraktivität von Tätowierungen und Piercings.
- Die Grafik visualisiert im Unterschied zu einem linearen Text Daten und Fakten, sodass das Meinungsbild schnell erfasst werden kann. Es stellt die prozentualen Anteile effizient dar. Eine zahlenmäßige Auflistung im Text wäre ermüdend.

b)
- 59 % der Befragten finden Tätowierungen und Piercings nicht attraktiv.
- 6 % der Befragten finden Tätowierungen und Piercings attraktiv.
- Auf die Frage „Finden Sie Tätowierungen und Piercings attraktiv?" antworten über 3/4 der Befragten, das trifft eher nicht bis überhaupt nicht zu.

Seite 23

2

a) Der Ausgangstext wird vor allem durch Ratschläge zur Infektionsvermeidung ergänzt.

Seite 24

1

a) Die richtige Schreibung steht in Klammern:
Die Aufzählung drastischer und abschreckender Beispiele kann mich nicht wirklich überzeugen, weil die Felle (Fälle) viel zu selten sind, um poßentual (prozentual) wirklich ins Gewicht zu fallen. Mehr Gewicht hätte der Autor meiner Meinung nach stattdessen auf die Prevention (Prävention) legen sollen.
b) *So könnte deine Lösung lauten:*
Die Aufzählung drastischer und abschreckender Beispiele überzeugt mich nicht, denn zu Problemen mit Piercings kommt es in den seltensten Fällen. Der Autor sollte meiner Meinung nach mehr darauf eingehen, dass man möglichen Gesundheitsschäden vorbeugen kann. Zu wissen, dass Sauberkeit und die richtige Pflege der gepiercten Stelle den Prozess der Wundheilung begünstigen, ist wichtiger, als Abschreckungsbeispiele zu nennen.

Seite 25

1

Der Text ist in der deutschen Standardsprache/Hochsprache verfasst.

2 *So könnte deine Lösung lauten:*
- Jugendsprache: „fummelte der Arzt" (Z. 7 f.); „herausgefummelt" (Z. 89 f.)
- Umgangssprache: „fuhrwerken" (Z. 39)
- Fachsprache: „Herzklappen" (Z. 20); „Desinfektion" (Z. 43); „Luftröhrenschnitt" (Z. 51); „HNO-Arzt" (Z. 88)

3

Die vorwiegende Zeitform ist Präsens.

4 *So könnte deine Lösung lauten:*
Besonders häufig werden in dem Textabschnitt Nomen gebraucht. Dadurch wird der Text anschaulich und leicht verständlich.

5

a) Im Text wird vorwiegend direkte Rede verwendet.
b) Durch die Verwendung direkter Rede wirkt der Text anschaulich und spannend.

3 Fiktionale Texte: Lyrik

Seite 27

1
Im Gedicht wird ein Abend im Spätsommer beschrieben.

2
a) Antwort d
b) *Möglich wäre:*
Strophe 1: wiegt, leise (V. 2), träumen (V. 3)
Strophe 2: abendzart (V. 5), Pastelle (V. 6), Sonne (V. 7)
Strophe 3: leis raschelts (V. 9), die Taube gurrt (V. 10), träumen (V. 11), guter Tag (V. 12)

3
c) Es gibt Wörter, die sich folgenden Wortfeldern zuordnen lassen:
- Schlaf/Traum und Ruhe: wiegt, leiser/leis, träumen, abendzart, atmet aus
- Natur/Garten: Wind, Sonne, Tauben, Bäume, Wiese, Äpfel, Rosen

Seite 28

1
Antwort d

2
Im Gedicht von Louis Fürnberg wird die harmonische Beziehung des Menschen zur Natur/der Einklang zwischen Mensch und Natur thematisiert.

Seite 30

1
Form: lyrisches Ich als Teil einer Gruppe
Beleg: Wir sitzen und wir träumen. (V. 11)

2 *So könnte deine Lösung lauten:*
Der Dichter gibt keine näheren Hinweise zur Gestalt des lyrischen Subjekts. Möglich wäre z. B.:
- Eine Frau mit ihrer Familie oder auch mit ihrer Katze auf dem Schoß. Sie ist zufrieden und ausgeglichen, sie beobachtet die Dinge im Garten genau und mit viel Fantasie.
- Ein (älterer) Mann, der glücklich und zufrieden ist. Er spricht über seine Tauben, betrachtet die Früchte in seinem Garten, denkt vielleicht an die bevorstehende Ernte.

3 *So könnten deine Lösungen lauten:*
a) Es ist ein Abend im Spätsommer.
Textbeleg: Titel des Gedichtes
b) Das lyrische Subjekt befindet sich im Garten seines Hauses.
Textbeleg: Strophe 1, es betrachtet den Garten; Strophe 2, es sieht Gartenzaun und Haus;
Strophe 3, es hört die Taube im Taubenschlag.
c) Das lyrische Subjekt könnte auf einer Bank im Garten sitzen und alles um sich herum betrachten und hören.
Textbeleg: Wir sitzen ... (V. 11), Strophe 1 und 2, Betrachten des Gartens; Strophe 3, Hören des Windes und der Taube.
d) Es könnte ein vertrauter Mensch bei ihm sein. Möglich wäre auch ein Tier als vertrauter Partner (Hund, Katze).
Textbeleg für die Vertrautheit: Wir sitzen und wir träumen. (V. 11). Für eine konkrete „Person“ gibt es keinen Beleg. Hier braucht der Leser Fantasie.

SEITE 31

1

a) Apfelbäume, Äpfel, Rosen, evtl. Spinnweben
b) Personifikation
c) Möglich wäre: Ich stelle mir Rosen vor, die ganz weit aufgeblüht sind, sich nicht mehr schließen können und schon ihre ersten Blätter verlieren. Durch die Schwere haben sie ihre Blütenköpfe leicht gesenkt.
Oder: Die Blüten haben sich zum Abend geschlossen. Sie wiegen sich ganz leicht – wie im Traum – im Wind.
d) + e) *Möglich sind zwei Deutungen:*
1. Mit dem Sommerfaden sind die Spinnweben (zwischen den Rosen) gemeint. Dann ist das sprachliche Bild eine Personifikation.
2. Mit dem Sommerfaden ist im übertragenen Sinne ein bestimmter Teil im Ablauf des Jahres (als Faden) gemeint. Dann ist das sprachliche Bild eine Metapher.

SEITE 32

2

a) Möglich wäre: Ich stelle mir vor, dass die untergehende Sonne die Landschaft in besondere Farben taucht: Die abendzarten Pastelle lassen sich vorstellen als samtige Farben, die leicht verwischen, aber keinesfalls kräftig sind. Dafür spricht auch der leichte Nebel, der von der Wiese aufsteigen könnte (V. 8). Es könnte ein schwaches Orange-Rot oder auch Rosé sein, das Haus und Zaun färbt.
b) Zunächst betrachtet das lyrische Ich das Haus und den Zaun, die von der Abendsonne gefärbt werden, dann wandert sein Blick über den Gartenzaun zur Wiese.
c) Sprachliches Bild: Personifikation
Mögliche Deutungen: Der von der Wiese aufsteigende Nebel wirkt, als ob die Wiese ausatme.
Oder: Die Wiese ist froh, dass alles zur Ruhe gekommen ist, z. B. Kinder nicht mehr auf ihr spielen. Im Ausatmen richtet sich das niedergetretene Gras wieder auf.

3

a) Gemeinsamkeit: In beiden Strophen nimmt das lyrische Subjekt die Apfelbäume wahr.
Unterschied: Strophe 1: Das lyrische Subjekt sieht, wie der Wind die Äpfel bewegt. Strophe 3: Das lyrische Subjekt hört den Wind in den Bäumen.
b) Das lyrische Subjekt fasst den vergangenen Tag zusammen (Änderung der Zeitform: war) und wertet ihn. Was das lyrische Subjekt konkret mit diesem guten Tag meint, wird nicht gesagt. Hier kann sich der Leser mit seiner Fantasie einbringen.

SEITE 33

4

a) Erste Strophe: Die Kommas am Ende jeder Zeile könnten darauf verweisen, dass der Blick des lyrischen Subjekts schnell wandert, es alles ohne Pause, ohne großes Verweilen bei einem Gegenstand wahrnimmt.
Dritte Strophe: Die Punkte am Ende jeder Zeile könnten darauf verweisen, dass das lyrische Subjekt zur Ruhe gekommen ist. Es verweilt bei jeder Wahrnehmung, konzentriert sich auf sie.
b) Das lyrische Subjekt nimmt alles mit einem Blick wahr: die Sonne hinterm Garten färbt Zaun und Haus.

5 *So könnte deine Lösung lauten:*
Bild 1, V. 1–2: 5 sek./Apfelbäume, Zweige mit Äpfeln, die Zweige bewegen (wiegen) sich ganz leicht/Totale > Zoom Halbnah
Bild 2, V. 3: 2 sek./voll aufgeblühte tiefrote Rose, die ihren Kopf senkt/Schwenk abwärts, Groß
Bild 3, V. 4: 3 sek./Rosenbeet, Spinnweben zwischen den Rosen/Nah

Bild 4, V. 5–7: 3 sek./Haus, Gartenzaun dahinter, von der Sonne in ein zartes orange-rotes Licht getaucht/ Schwenk leicht aufwärts, Halbtotale
Bild 5, V. 8: 5 sek./Bild 4 weitet sich vom Haus weg über den Gartenzaun auf die Wiese, die dahinter liegt./ Zoom bis Weit mit ganz leichtem Schwenk
Bild 6, V. 9–12: 7 sek./Zaun verschwimmt immer mehr. Nebel steigt von der Wiese auf, dadurch verwischt sich auch dieses Bild immer mehr./Weit/Taubengurren, leises Rascheln von Blättern

5 *So könnte deine Lösung lauten:*
Das lyrische Subjekt befindet sich in einer ruhigen und ausgeglichenen Situation. Es ist zufrieden und glücklich. Es hat mit vertrauten Menschen einen schönen Tag erlebt und genießt, auf einer Hollywoodschaukel sitzend, den Ausklang dieses Tages. Die anfänglichen Gespräche sind verstummt. Jeder hängt jetzt seinen eigenen Gedanken nach.

Seite 34

1
Antwort a

2 *So könnte deine Lösung lauten:*
traurig: (2) letzte Rosen, Sommerfaden spinnt (als Metapher)
ruhig/gelassen: (1) träumen, leise, wiegen, atmet aus
leise: (1) 2 x leise, 2 x träumen
freudig: (2) Es war ein guter Tag.
nachdenklich: (2) Vorahnung des nahenden Herbstes, Erinnerung an den vergangenen Tag
stockend: (2) besonders Strophe drei: Punkte am Ende jeder Zeile

Seite 35

1
Reimschema: abab / cdcd / aeae
Reimform: Kreuzreim

Seite 36

2
a) Die / Äp / fel / an / den / Bäu / men
b) ÄP-fel, BÄU-men
c)

x	X	x	?	x	X	x
Die	Äp	fel	an	den	Bäu	men,

d)

x	X	x	X	x	X	x
Die	Äp	fel	an	den	Bäu	men,

e)

x	X	x	X	x	X	
die	wiegt	ein	lei	ser	Wind,	
x	X	x	X	x	X	x
die	letz	ten	Ro	sen	träu	men,
x	X	x	X	x	X	
der	Som	mer	fa	den	spinnt.	

f) Jambus

3 *So könnte deine Lösung lauten:*
Reim und Metrum unterstützen in ihrer Klangwirkung die innere Geschlossenheit der einzelnen Strophen. Es entsteht der Eindruck von einer ruhigen Rede, die weich, gleitend klingt. Der Sprechfluss wirkt trotz der Ruhe bewegt und klingt melodisch.

Seite 37

1 *Möglich wäre:*
Das lyrische Subjekt ist zufrieden und glücklich. Ein erfüllter Tag findet einen harmonischen Ausklang. Unterstrichen werden die ausgeglichene Ruhe und Harmonie, die die Grundstimmung des gesamten Gedichtes bestimmen.

2 *Möglich wäre:*
Durch die offene Gestaltung des lyrischen Subjekts fordert der Dichter seine Leser auf, sich selbst – seine eigenen Erfahrungen, Erinnerungen, Wünsche – in den Text einzubringen. Es wird kein bestimmter Mensch vorgegeben, der die Welt hier in besonderer Weise wahrnimmt. Es könnte/sollte jeder Mensch sein.

3
Das lyrische Subjekt spricht über sein Verhältnis zur Welt: richtig.
Das lyrische Subjekt spricht über menschliche Beziehungen: richtig.
Das lyrische Subjekt spricht von Erkenntnissen über den Menschen: falsch.

4 *Möglich wäre:*
a) Die Interpretationshypothesen haben sich bestätigt. Im Gedicht werden sowohl der besondere Einklang in der Beziehung vertrauter Menschen als auch die harmonische Beziehung des Menschen zur Natur/der Einklang zwischen Mensch und Natur thematisiert.

5 *Möglich wäre:*
- Der Dichter regt seine Leser an, eigene Erfahrungen in das Gedicht einzubringen. Für mich wäre das z. B. ein Tag, an dem ich mit Freunden oder meiner Familie etwas Schönes erlebt habe. Zu etwas Besonderem wird der Tag, wenn man ihn gemeinsam ausklingen lässt und spürt, dass man füreinander da ist.
- Louis Fürnbergs Gedicht regt mich an, die einfache Schönheit der Natur bewusster wahrzunehmen, sie auf mich wirken zu lassen und dabei selbst Ruhe zu finden.

Seite 38

1
1. Louis Fürnberg
2. im Jahre 1951
3. 41 oder 42 Jahre alt
4. Spätsommerabend
5. Möglich wäre: Sonnenuntergang, Grillenzirpen, Romantik, Kuss, laue Luft, leise Musik, trockenes Gras, Ruhe, Träumen, das Ende des Sommers ...
6. Beziehung des Menschen zur Natur, Beziehung der Menschen untereinander

Seite 39

2
a) So könnte deine Lösung lauten:
Variante 1: 4, 2, 1, 6
Variante 2: 6, 7, 4, 1, 2, 3

2 und **3** *So könnte deine Lösung lauten:*
Variante 1: Das Gedicht „Spätsommerabend“ wurde 1951 von Louis Fürnberg geschrieben. Bereits der Titel deutet darauf hin, dass in dem Gedicht ein Abend Ende August oder Anfang September beschrieben wird. Das Gedicht thematisiert die Beziehung des Menschen zur Natur.
Variante 2: Es gibt viele Gedichte, in denen die Beziehung des Menschen zur Natur thematisiert wird. Zu einem der schönsten gehört für mich das Gedicht „Spätsommerabend“. Louis Fürnberg schrieb es 1951 im Alter von 42 Jahren. In den drei Strophen des Gedichts wird ein friedlicher Abend im Spätsommer beschrieben.

Seite 41

(siehe Seite 42, Aufgabe 2)

Seite 42

2 *So könnte deine Lösung lauten:*
2.2 Zur Gestaltung der lyrischen Situation
2.2.1 Ort, Zeit, Gesellschaft
2.2.2 Vorstellung zur lyrischen Situation
2.3 Zu den Wahrnehmungen und Gedanken des lyrischen Subjekts
2.3.1 Bedeutung der letzten Zeile
2.3.2 Guter Tag
2.3.3 Garten, Haus, Apfelbaum, Vögel
2.4 Zu sprachlichen und gestalterischen Besonderheiten
2.4.1 Funktion des Metrums
2.4.2 Metapher, Vergleich, Personifikation
2.4.3 Jambus
2.4.4 Enjambement
2.4.5 Zeichensetzung
2.4.6 Kreuzreim
2.5 Zur Sprechweise des lyrischen Subjekts
2.5.1 ruhig, gelassen
2.5.2 Funktion der Reimform

3 *Hier ist eine individuelle Lösung gefragt:*
Zum lyrischen Subjekt:
Louis Fürnberg gibt in seinem Gedicht „Spätsommerabend“ keine genaueren Hinweise zur Gestalt des lyrischen Ich. „Wir sitzen und wir träumen“ (Zeile 11) ist eine ganz allgemeine Aussage. Er lässt das lyrische Subjekt für Deutungen seiner Leser offen. Folgende Aussagen sind möglich:
Es beobachtet alles genau und fantasievoll (im ganzen Gedicht).
Es spricht konkret über Tauben, Haus und Garten (Zeilen 10, 6 und 7).
Ein Kind scheint eher unwahrscheinlich, weil es seine Umgebung anders wahrnehmen würde.
Zur lyrischen Situation:
In Zeile 11 des Gedichtes verweist das zweimalige Personalpronomen „wir“ auf ein lyrisches Ich, das als Teil einer Gruppe auch für andere spricht: „Wir sitzen und wir träumen.“
Zeit: ein Abend im Spätsommer (Titel)
Ort: ein Garten: Apfelbäume (Zeile 1), Rosen (Zeile 3), Taubenschlag (Zeile 10)
Wer ist womit beschäftigt?: Dafür gibt es keine Belege im Text. Der Leser muss seine eigenen Erfahrungen einbringen. Möglich wären z. B.: ein junges Liebespaar bei einem Glas Wein; ein älteres Ehepaar, das auf einer Gartenbank sitzt; eine Familie nach dem Abendbrot ...

Seite 43

4

a) Richtig sind: b), d), e), f)
Falsch sind: a), c)

5

c) *So könnte deine Lösung lauten:*
Louis Fürnberg thematisiert in diesem Gedicht nicht nur den Einklang zwischen Mensch und Natur, er gestaltet auch eine besondere Beziehung der Menschen zueinander. Das lyrische Ich sagt abschließend, dass dieser friedliche Abend einen guten Tag beendet. Der Dichter lässt offen, was das lyrische Ich damit gemeint haben könnte. Damit fordert er seine Leser auf, eigene Erfahrungen in das Gedicht einzubringen. Für mich wäre das z. B. ein Tag, an dem ich mit Freunden oder mit meiner Familie etwas Schönes erlebt habe. Zu etwas Besonderem wird der Tag, wenn man ihn gemeinsam ausklingen lässt und spürt, dass man füreinander da ist.
Louis Fürnbergs Gedicht regt mich an, die einfache Schönheit der Natur bewusster wahrzunehmen, sie auf mich wirken zu lassen und selbst Ruhe zu finden.

Seite 44

6

a) *So könnte deine Lösung lauten:*
Der Dichter dichtet im Gedicht über das Thema der Verträglichkeit zwischen den Menschen und der Natur, aber auch noch zwischen manchen Menschen. Er lässt das lyrische Ich zum Schluss feststellen, dass das der Schluss von einem ziemlich tollen Tag ist. Man hat ihn zusammen verbracht. Klar wird nicht, was mit so einem Tag gesagt werden will.
b) *So könnte deine Lösung lauten:*
Formulierungsvariante: Louis Fürnberg thematisiert in seinem Gedicht die Verträglichkeit zwischen den Menschen und der Natur.
c) *So könnte deine Lösung lauten:*
Mängel: dichtet; Alternativen: thematisiert, gestaltet, schreibt
Mängel: Schluss; Alternativen: Ende, Abend, Tagesende
Mängel: nicht klar wird; Alternativen: bleibt offen, ist unklar, ist vieldeutig
Mängel: zusammen verbracht; Alternativen: gemeinsam verbracht

Seite 45

1

a)
Subjekt: die Sonne hinterm Zaun
Prädikat: färbt
b) Die Sonne hinterm Garten färbt mit abendzarten Pastellen Zaun und Haus.

2

zunächst, dann, schließlich

3

Das „er" im zweiten Satz bezieht sich auf den „Blick" im ersten Satz.

4

a) Bedeutung des Verbs: eine Welt, die nicht existiert; eine erdachte, unmögliche Welt
b) Bedeutung des Verbs: Nur durch die Gestaltung des Dichters existiert diese Welt.

4 Fiktionale Texte: Epik

Seite 48 und 49

1 *So könnte deine Lösung lauten:*
Aussage vor Gericht, Aussage als Ausführung in einem Gespräch

4
1 b), 2 d), 3 b), 4 c), 5 b)

5
Bild A (links) stimmt mit den Aussagen des Textes besser überein als Bild B; denn der Ich-Erzähler schlägt von seinem Bett aus gegen die Wand, und die Tatsache, dass K. ihn in der Nachbarzelle hört und unbemerkt antworten kann, legt nahe, dass auch in K's Zelle das Bett direkt an der trennenden Wand steht.

Seite 50

1
Antwort c)

2 *So könnte deine Lösung lauten:*
Zeilen 28–43: Verständigung glückt, K. versteht die Klopfzeichen des Ich-Erzählers.
Zeilen 44–63: Ich-Erzähler bittet K., seine Aussage zurückzunehmen, K. willigt ein.
Zeilen 64–97: K. bittet den Ich-Erzähler, ihm einen Bleistift zu besorgen. Dem Ich-Erzähler gelingt diese gefährliche Aktion.
Zeilen 98–101: K. bestätigt Rücknahme der Aussage, der Ich-Erzähler hofft, damit gerettet zu sein.

3
Mögliche Überschriften:
Zeilen 28–43: Verständigung glückt; Zeilen 44–63: Bitte um Rücknahme der Aussage; Zeilen 64–97: Leistung und Gegenleistung; Zeilen 98–101: Rücknahme der Aussage

Seite 51

1
a) *So könnte deine Lösung lauten*:
beiden droht Todesurteil; vielleicht Gegner des nationalsozialistischen Regimes
b) K. belastet den Erzähler durch seine Aussage, kennen sich vermutlich nicht persönlich
c) Antwort a)
d) Antwort b)
Textstellen:
- „um mein Leben klopfte" (Zeile 1 f.)
- „und der Kommissar hatte gesagt, dass bei mir ‚der Kopf nicht dran' bleiben würde" (Zeile 49 f.).
- „Ich: ‚Ist ... zweite ... Aussage ... gegen ... mich ... bedeutet ... Todesurteil ...'" (Zeile 57 f.).

Seite 52

e) Nein, K. hat den Ich-Erzähler nicht absichtlich mit seiner Aussage belastet.
Begründung: K. wusste nicht, dass er den Ich-Erzähler durch seine Aussage belastet (Zeile 59).
f) K. bringt sich mit der Rücknahme der Aussage in Gefahr, da er für den Zellennachbarn lügt.
K.s Angaben erscheinen dadurch widersprüchlich.

2 *So könnten deine Lösungen lauten:*

a) Der Ort ist bedrückend, das Leben der Gefangenen ist bedroht.

b) Es gibt für die Gefangenen keine Möglichkeit der direkten Kontaktaufnahme, deshalb erfolgt die Kommunikation über Klopfzeichen.

c) Der Zeitraum umfasst wenige Tage.

d) Die Zeit spielt eine sehr wichtige Rolle. Der Erzähler hat nur wenig Zeit bis zu seiner Gerichtsverhandlung und braucht daher schnell Kontakt zu K.

Seite 53

3

a) Die Geschichte beginnt unvermittelt mit den ersten Kontaktversuchen des Ich-Erzählers.

b) K. nimmt seine Aussage zurück, es bleibt aber offen, ob das für den Ich-Erzähler tatsächlich die Rettung bedeutet.

c) Wendepunkt: Die Verständigung gelingt mit Hilfe gleicher Klopfzeichen.

d) Wendepunkt (Zeilen 28–36), Höhepunkt (Zeilen 54–62)

Seite 54

1

b) Richtig sind die Antworten: b), c), d), f), h), i)

c) *So könnte deine Lösung lauten:*

- unvermittelter Anfang („Als ich abends gegen zehn Uhr um mein Leben klopfte (...)“, Zeile 1 f.)
- Handlung auf einen Ort beschränkt („Gestapokellers“, Zeile 41)
- wenige Figuren treten auf (Ich-Erzähler, K., SS-Wache, SS-Posten)

d) *So könnte deine Lösung lauten:*

Der Text „Die Aussage“ ist eine Kurzgeschichte. Typisch für Kurzgeschichten ist, dass sich die Handlung auf einen Ort beschränkt und dass es eine Haupthandlung gibt. Die Ereignisse, die in der Kurzgeschichte beschrieben werden, liegen zeitlich nah beieinander und es treten wenige Figuren auf. Weitere Kennzeichen sind der unvermittelte Anfang und das offene Ende.

Seite 55

1

a) bis **c)** siehe Lösung Seite 62, Aufgabe 4

Seite 56

1

Die Erzählung ist in der Ich-Form geschrieben: „Als ich abends um zehn Uhr um mein Leben klopfte“ (Zeile 1), „Ich klopfte einmal“ (Zeile 9), „Ich wiederholte, er verstand nicht“ (Zeile 13), „Ich lag starr und glücklich unter der Wolldecke“ (Zeile 37).

Seite 57

3
B, A, C

4
„Die Aussage“ ist in der Ich-Erzählperspektive geschrieben: „Ich zählte mit, das musste der Buchstabe V. sein.“ (Zeile 32. f.); „Ich lag starr und glücklich unter der Wolldecke.“ (Zeile 37)

5
Die Lesenden erleben das Geschehen unmittelbar mit, sie verfügen nur über das Wissen, das die Hauptfigur auch hat. So empfinden sie das Schicksal leichter nach: „Ob es Morse waren? Ich kannte nicht Morse.“ (Zeilen 19–20), „Das Herz schlug mir bis in den Hals.“ (Zeile 96)

Seite 58

1
Ja, es handelt sich um einen Erzählbericht: Der Erzähler wertet, kommentiert, spekuliert über seine Zukunft.

2
Direkte Rede: wörtlich, Anführungszeichen
Indirekte Rede: Gespräche indirekt wiedergegeben, Konjunktiv, eingeleitet
Innerer Monolog: Gedanken und Gefühle, Ich-Form, Präsens, Vergangenheitsform, Gedankenbericht
Erlebte Rede: Gedanken und Gefühle, Er-/Sie-Form, Selbstgespräch

Seite 59

3
C, B, D, A

4 a) + b)
In dem Text „Die Aussage“ kommt häufig der Erzählbericht vor: „In der nächsten Nacht jedoch kam es plötzlich herüber.“ (Zeilen 28–30) Auch direkte Rede kommt häufig vor: „In der Nacht klopfte ich ihn an: ‚Du ... musst ... deine ... Aussage ... zurücknehmen ...‘ Er klopfte zurück: ‚Warum?‘“ (Zeilen 54–56). Seltener findet man auch inneren Monolog: „Ob es Morse waren? Ich kannte nicht Morse.“ (Zeilen 19–20) sowie indirekte Rede: „(...) dass bei mir ‚der Kopf nicht dran‘ bleiben würde“ (Zeilen 50–51).

5
a) + b) Im Text werden das Präteritum, das Präsens und an einer Stelle das Futur verwendet. Das Präteritum überwiegt.

Seite 60

2
Der Autor verwendet Hochsprache, bleibt aber nahe an der Umgangssprache (unvollständige Sätze): „Ich begann als Eröffnung mit gleichmäßigen Takten.“ (Zeilen 6–7), „(...) dass bei mir ‚der Kopf nicht dran‘ bleiben würde“ (Zeilen 50–51).

4
b) Metapher; Funktion: Dieses Bild intensiviert die Darstellung der Situation.
c) Metapher mit Personifikation; Funktion: Die bildliche Darstellung verstärkt den zeitlichen Eindruck.

5 a) + b)
Parallelismen, Wiederholungen: „Er klopfte Zeichen, die ich nicht verstand, ich klopfte Zeichen, die er nicht verstand." (Zeilen 16–18); Funktion: Es wird betont, dass beide Seiten einander nicht verstehen. Oder: „Es wurde plötzlich hell (...). Es wurde wieder dunkel." (Zeilen 68–70)

Seite 61

1 *So könnte deine Lösung lauten:*
In der Kurzgeschichte „Die Aussage" von 1947 geht es um die Aufrechterhaltung der Menschlichkeit selbst unter den grausamen Bedingungen eines Gestapo-Gefängnisses. Der Autor, Günter Weisenborn, beteiligte sich aktiv am Widerstand gegen die Nationalsozialisten und war selbst von 1942 bis 1945 inhaftiert.

Seite 62

2
Richtig sind: a), d), f), g)

4 *So könnte deine Charakterisierung der Hauptfigur lauten:*
Über das äußere Erscheinungsbild der Hauptfigur gibt es keine Angaben im Text. Man erfährt nur, dass der Ich-Erzähler (= die Hauptfigur) in einem Gestapo-Gefängnis in Einzelhaft sitzt. Es gibt keine Informationen zur Vorgeschichte oder über die Gründe der Gefangennahme. Gegen ihn liegen zwei Aussagen vor, die sein Todesurteil bedeuten: „(...) und der Kommissar hatte gesagt, dass bei mir ‚der Kopf nicht dran' bleiben würde. Die zweite Aussage lag eben vor, daran war nichts zu ändern." (Zeilen 49–53). Der Ich-Erzähler zeigt seine Dankbarkeit trotz großer Gefahr und zeigt sich seinerseits hilfsbereit. Beispielsweise bringt der Ich-Erzähler K. die versprochene Bleistiftmine: „Ich eilte heimlich zu Zelle acht, riss die Klappe auf, warf die Bleistiftspitze hinein (...)." (Zeilen 88–91) Der Erzähler hofft, K. überzeugen zu können, seine belastende Aussage zurückzunehmen: „Du ... musst ... deine ... Aussage ... zurücknehmen ..." (Zeilen 55–56) Er ist hartnäckig, denn er versucht immer wieder, die Verständigung mit seinem Zellennachbarn zu erreichen: „Wir mussten uns unbedingt verständigen." (Zeilen 25–26) Seine Gefühle schwanken zwischen Verzweiflung und Hoffnung bei den Kontaktversuchen mit dem Zellennachbarn. Er ist angespannt: „Ich wischte mir den Schweiß ab, um meine Verzweiflung zu bezwingen." (Zeilen 15–16), und hilflos: „Ratlosigkeit." (Zeile 18) Der Erzähler bleibt trotz der Hindernisse hoffnungsvoll, dass K.s Rücknahme der Aussage sein Todesurteil abwendet: „Es war nur eine Hoffnung, wenn K. diese Aussage zurücknehmen würde." (Zeilen 53–54) Er ist überglücklich, als K. die Rücknahme seiner Aussage bestätigt: „Ich hatte Tränen in den Augen." (Zeile 70)

Seite 63

5
Richtig sind: a), c), e), g)

6 *Folgende Gedanken könnte die Hauptfigur haben:*
- „Ich bin verloren, wenn K. seine Aussage nicht zurücknimmt."
- „Ich muss K. bitten, dass er widerruft. K. muss mir helfen."
- „Wieso versteht mich K. nicht? Das ist doch ganz einfach: Jedes Klopfzeichen ist ein Buchstabe."
- „Ich muss dranbleiben, K. muss verstehen, dass nur er mir noch helfen kann. Das ist meine letzte Chance, am Leben zu bleiben."
- „Ich darf die Hoffnung nicht aufgeben."

7 *So könnte deine Lösung lauten:*
Das gibt's doch nicht! Mir rennt die Zeit davon und er versteht mich nicht. Wer weiß, vielleicht stellen sie mich morgen schon vor den Richter, und dann ist es aus. Bei Ihnen bleibt der Kopf nicht dran, hat dieser Kommissar zu mir gesagt. Zwei Aussagen sind eine zu viel. Darauf steht der Tod. Also weiter. Ich muss die Nächte nutzen, tagsüber ist das viel zu gefährlich. Und selbst wenn ... Nur wenn K. mich versteht und seine Aussage zurücknimmt, gibt es noch einen Funken Hoffnung. Einen einzigen kleinen Funken. Ich muss es einfach weiter versuchen. So schwer kann es doch nicht sein, auf das Alphabet zu kommen. Ein Schlag A, zwei Schläge B, drei Schläge C. Was um Gottes Willen soll das denn anderes bedeuten? ...

Seite 64

1 *So könnte deine Lösung lauten:*
In der Kurzgeschichte „Die Aussage" von Günther Weisenborn aus dem Jahr 1947 geht es um die Aufrechterhaltung der Menschlichkeit selbst unter den grausamen Bedingungen eines Gestapo-Gefängnisses. Zwei Gefangene, getrennt durch eine Zellenmauer, können sich nur durch Klopfzeichen verständigen. Nach anfänglichen Schwierigkeiten, gegenseitig ihre verschiedenen Klopfzeichen zu verstehen, gibt es einen Wendepunkt: Die Verständigung gelingt. Beide benutzen nun dasselbe Klopfsystem. Der Gefangene K. belastet den Ich-Erzähler unabsichtlich mit einer Aussage. Nachdem die Verständigung der beiden Gefangenen gelungen ist, bittet der Ich-Erzähler K., seine Aussage zurückzunehmen. K. stimmt zu. Ob der Ich-Erzähler durch die Rücknahme der Aussage gerettet ist, bleibt offen.

Seite 65

1
a) Es kommen vorwiegend Verben und Nomen vor. Es gibt kaum Adverbien und sehr wenige Adjektive.
b) Im Text gibt es fast keine ausschmückenden Adjektive und auch wenig Adverbien. Damit gibt er die raue, trostlose Stimmung im Gestapo-Gefängnis gut wieder. Durch viele Nomen und Verben wirkt der Text anschaulich und vermittelt Handlung und Bewegung.

2
Parataxe: Es klopfte unregelmäßig zurück. Er verstand nicht.
Hypotaxe: Als ich abends gegen zehn Uhr um mein Leben klopfte, lag ich auf der Pritsche und schlug mit dem Bleistiftende unter der Wolldecke an die Mauer.

3
In „Die Aussage" findet man überwiegend Parataxen: „Er klopfte unregelmäßig zurück. Er verstand nicht." (Zeilen 11–12), „Dann die entscheidenden Zeichen: zweiundzwanzig gleiche Klopftöne." (Zeilen 32–33) Selten kommen Hypotaxen vor: „Als ich abends gegen zehn Uhr um mein Leben klopfte, lag ich auf der Pritsche und schlug mit dem Bleistiftende unter der Wolldecke an die Mauer." (Zeilen 1–3), „Ich wusste es, und der Kommissar hatte gesagt, dass bei mir ‚der Kopf nicht dran' bleiben würde." (Zeilen 49–51)

4
Der Wechsel im Satzbau macht den Wechsel in der Anspannung des Ich-Erzählers deutlich.

6 Abschlussprüfung

Seite 71

2
1/d, 2/c, 3/b, 4/d

3
Richtig sind: b), c), e

Seite 72

4
a) Light-Version einer Religion: Religion, die mehr den eigenen Vorlieben als bestimmten Glaubensrichtlinien folgt; eine Vermischung von Elementen mehrerer Relgionen ist möglich
b) eine Vogelperspektive auf die gesamte jüngere Generation: Eine Art Draufsicht; nicht die Einstellungen einzelner Individuen werden untersucht, sondern die Einstellung einer ganzen Altersgruppe.

5
Die Verfasser dürfen ihre Studie als repräsentativ bezeichnen, da sie 2 500 Jugendliche verschiedener sozialer Herkunft befragt haben.

6
befasst sich detailliert; besonders interessante Befunde

7 *So könnte deine Lösung lauten:*
direkte Rede: „Und das in einer Zeit, in der die Kindheit zugleich immer kürzer wird, die Pubertät häufig schon mit zehn oder elf Jahren einsetzt", betont der Jugendforscher Hurrelmann.
indirekte Rede: Erschwerend komme noch die auffällige „Juvenalisierung" der Erwachsenen hinzu.

8
Der Text ist im Schwerpunkt darstellend. Susanne Gaschke gibt die Ergebnisse der Shell-Studie und die Statements des Jugendforschers Hurrelmann weitgehend kommentarlos wieder. Das Verhalten der jungen Leute wertet sie nicht.

Seite 73

9 *So könnte deine Lösung lauten:*
Spannungen zwischen den Generationen sind notwendig. Nur so können Jugendliche sich von den Erwachsenen abgrenzen und ihre Persönlichkeit entfalten.

10
Einschätzung der Zukunft, Zukunftsängste, Leistungsdenken, politisches Engagement

11
Aktien, Bürgerinitiative, Drogen nehmen, sich in die Politik einmischen

12 *Möglich wäre:*
Dass Jugendliche verstärkt an ihre Ausbildung denken, lässt sich mit den hohen Werten bei den Punkten „Studium" und „Karriere machen" belegen.
Dass die Jugendlichen sich nicht mehr politisch engagieren, wird von den niedrigen Umfrageergebnissen bei den Punkten „sich politisch einmischen" und „Bürgerinitiative" unterstrichen.

Seite 74

1
- berufliche Aspekte: Optimismus (bei der Hälfte der Befragten), Furcht vor Arbeitslosigkeit, Leistungsorientierung ...
- familiäre Aspekte: Familiensinn, langer Verbleib im Elternhaus, Harmonie ...
- gesellschaftliche Aspekt: Entfernung von Politik, Parteien, Ökologie ...

2 *So könnte deine Lösung lauten:*
Kennzeichnend für rund 70 % der befragten Jugendlichen ist, dass sie ihr privates Engagement nicht auf die Gesellschaft ausdehnen. Viele Themen, die von früheren Generationen und besonders von jungen Leuten in die öffentliche Diskussion eingebracht wurden, wie zum Beispiel die Menschenrechte, der Feminismus oder die Ökologie, stoßen nun auf breites Desinteresse. Wie man dem Diagramm „Was bei Jugendlichen in ist" entnehmen kann, rangieren die genannten Punkte mit knapp 30 % ganz am Ende der Beliebtheitsskala. Ähnlich „out" ist nur der Drogenkonsum ...

3 *So könnte deine Lösung lauten:*
Die Shell-Studie hat gezeigt, dass Jugendliche heutzutage große Zukunftsängste haben und deshalb eher leistungsorientiert sind. Susanne Gaschke schließt daraus, dass die jungen Menschen mehr Wert auf eine gute Bildung legen und sich weniger gesellschaftlich engagieren. Manche sammeln angeblich lieber Auslandserfahrung als sich für den Klimaschutz oder für die Menschenrechte einzusetzen. Dem kann ich nicht zustimmen, da ich andere Erfahrungen gemacht habe. Die Autorin schildert zwar, dass in der Studie 2 500 Jugendliche befragt wurden, jedoch denke ich, dass man dadurch nicht auf alle Jugendlichen schließen darf. Außerdem denke ich, dass viele Jugendliche sowohl gute Leistungen erbringen möchten als auch Interesse an politischen und gesellschaftlichen Fragen haben. Frau Gaschke macht noch auf einen weiteren Aspekt aufmerksam: Das Verhältnis zwischen den Generationen habe sich verbessert, da die Eltern den Kindern immer ähnlicher werden. Der Jugendforscher Hurrelmann behauptet, dass das die Abgrenzung der Jugendlichen erschwere. Meiner Meinung nach ist es positiv zu bewerten, wenn es immer weniger Konflikte zwischen den Generationen gibt. Warum sollten Jugendliche ihre Kinder auch nicht so erziehen, wie sie selbst erzogen wurden? Das kann doch bedeuten, dass die Jugendlichen dieselben Werte wie ihre Eltern haben. Weshalb sollten sie etwas nur aus Provokation anders machen?

4 *So könnte deine Verbesserung lauten:*
Ich finde es sinnvoll, sich gut auf den Beruf vorzubereiten, anstatt die Zeit zum Beispiel mit Computerspielen zu verbringen.
Begründung: Die Wendungen „kann ich das gut verstehen", „Teens", „vertrödeln" sind umgangssprachlich. Deshalb habe ich sie ersetzt. Außerdem habe ich für „Zeit vertrödeln" ein konkretes Beispiel gegeben.

Seite 75

1
Man sähe eine Generation, die alle Erwartungen der Gesellschaft nach Verantwortung, Leistungsbereitschaft und Familiensinn erfülle, bilanzieren die Verfasser der Shell-Studie. Unbekümmertheit und Unbeschwertheit – nach Definition der Jugendlichen ‚eigentlich' ein Kennzeichen der Jugendphase – seien wenig zu spüren.

2
Der Autor nimmt in Satz b) eine Wertung vor.
Begründung: Der Autor gehört selbst zu denjenigen, die die Zustände nicht länger hinnehmen können.

3
Subjekt: sie
Prädikat: spiegeln
Objekt: uns, die Erwachsenen, und die Großereignisse und sozialen Trends

SEITE 76 und 77

2
1c, 2d, 3b, 4a

SEITE 77

3
a) Das lyrische Subjekt sagt, dass die Stadt eintönig ist: falsch.
b) Das lyrische Subjekt hat Jugenderinnerungen an die graue Stadt: richtig.
c) Im Gedicht gibt es Enjambements: richtig.
d) Innerhalb des Gedichtes ändert sich die Form des lyrischen Subjekts vom gestaltlosen lyrischen Subjekt zum lyrischen Ich: falsch.

4
Kreuzreim: d
Paarreim: a
umarmender Reim: c

SEITE 78

5 *Möglich wäre:*
grau, seitab, Nebel drückt schwer, harter Schrei, es schlägt im Mai kein Vogel

6
a) *Möglich wäre:* ein älterer/alter Mann oder eine ältere/alte Frau
b) *Möglich wäre:*
- am Strand auf der Düne mit Blick auf Stadt und Meer oder
- auf einem Hügel/einer Brücke mit Blick auf Stadt und Meer oder
- in der Stadt, das Meer hörend, oder
- an einem Fenster mit Blick auf Stadt und Meer

Möglich wäre auch: in einem Zimmer, beim Betrachten von Bildern dieser Stadt
c) *Möglich wäre entsprechend zu b):*
- Das lyrische Subjekt wandert oder steht, betrachtet Stadt und Meer und erinnert sich.
- Das lyrische Subjekt betrachtet Stadtbilder und erinnert sich.

7 *Möglich wäre:*
Die dritte Strophe beginnt mit „Doch“, das macht einen Widerspruch zum bisher Gesagten deutlich. Daraus lässt sich schließen: Obwohl die Stadt abweisend/nicht schön ist, liebt das lyrische Subjekt sie.

SEITE 79

1
a) Das Tempus des Tagebuchs ist das Präsens: falsch.
b) Die Sprache sollte sachlich und möglichst objektiv sein: falsch.
c) Die Sprache sollte die Gefühlslage des Schreibenden zum Ausdruck bringen: richtig.
d) Ein Tagebucheintrag wird in der Ich-Form geschrieben: richtig.

2
a) *Möglich wäre:* Es ist ein alter Mann.
b) *Möglich wäre:* Er ist glücklich über das, was er am Tag erlebt hat. Er ist in einer ruhigen, ausgeglichenen und zufriedenen Stimmung.
Möglich wäre auch: Er ist aufgewühlt von der Begegnung mit der Stadt seiner Jugend. Durch den Eintrag ins Tagebuch versucht er, Ruhe zu gewinnen und Ordnung in seine Gedanken und Gefühle zu bringen.

c) *Möglich wäre:*
- Von der Ankunft in der Stadt nach vielen Jahren.
- Von der Wanderung durch die Stadt bis zum Strand/zu den Dünen, seinen Beobachtungen und Gefühlen dabei.
- Von den schönen Erinnerungen an die Jugend, die diese Wiederbegegnung mit der Stadt in ihm ausgelöst hat.
- Von der Erkenntnis, wie eng er mit dieser Stadt verbunden ist.

d) *Möglich wäre:*
- Der Tag ist für ihn ein unvergessliches Erlebnis/eine unvergessliche Erfahrung.
- Der Tag hat gezeigt, wie sehr er die Stadt seiner Jugend liebt.
- Er hat erkannt/erfahren, dass nicht die Schönheit einer Stadt, sondern die Erinnerungen, die man mit ihr verbindet, ausschlaggebend für die Zuneigung zu ihr sind.

Seite 80

3

Du solltest vor dem Schreiben entscheiden, wie du deinen Tagebucheintrag aufbauen willst. Dafür gibt es grundsätzlich zwei Möglichkeiten:
1. Du schilderst nacheinander die Erlebnisse (vgl. 2 c) und die Gedanken und Gefühle, die damit jeweils verbunden sind, um abschließend ein Resümee zu ziehen (vgl. 2 d).
2. Du kannst auch mit einer zusammenfassenden Wertung des Tages beginnen (vgl. 2 d), um von hier aus die Erlebnisse, Gedanken und Gefühle zu schildern.

Beachte die Stimmung, in der sich dein/e Schreiber/in (vgl. 2 a) während des Schreibens befindet (vgl. 2 b).

So könnte deine Lösung lauten:
Dieser Tag hat mir die Augen geöffnet. Was ich so lange nicht ahnte, wurde mir heute plötzlich bewusst: Nach vielen Jahren hatte ich endlich die Gelegenheit, in meine alte Heimatstadt zurückzukehren. Wie lange hatte ich mich dagegen gewehrt! Was sollte ich in diesem abgelegenen, tristen Nest? Es gibt so viele schöne Städte am Meer, mit einladenden Häusern, weißem Sand, tiefblauem Wasser und fröhlichem Treiben am Strand ... Obwohl so viele Jahre vergangen waren, seit ich ihr den Rücken kehrte, war sie mir doch gleich wieder vertraut. Ich war ganz allein. Ein kalter Wind brauste vom Meer herüber. Doch er schaffte es nicht, die grauen Nebelbänke zu zerreißen, die schwer auf der Stadt lagerten. Es schien, als wollte der Nebel die kleinen, niedrigen Häuser noch tiefer an die Erde drücken. Langsam, jede kleine Beobachtung in mich aufsaugend, ging ich durch die Stadt. Wie verlassen sie war! Selbst die Natur schien sich von ihr abzukehren. Es zog mich zum Strand, dorthin, wo ich die schönsten Tage meiner Jugend verbracht hatte: die Späße mit den Freunden, unsere Abenteuer zwischen Meer und Dünen. Als ich das wehende Gras betrachtete, erstanden die alten Bilder wieder: unser erstes „Liebesnest" ... Unsere Träume von einem gemeinsamen glücklichen Leben draußen in der weiten Welt. Wie leicht schien uns damals alles ... Und plötzlich spürte ich, wie gegen den kalten, nassen Wind eine Wärme in mir aufstieg. Wie die Bilder meiner Jugend deutlich vor meinen Augen standen. ... Hier in dieser Stadt habe ich meine glücklichsten Jahre verbracht. Ohne es zu wissen, hatte ich mich hierher immer zurückgesehnt. Das bist du, meine Stadt! Ich teile mit dir so zauberhafte Erinnerungen. Dies macht deinen inneren Glanz, deinen wahren Wert aus. Die äußere Schönheit anderer Städte muss dagegen verblassen.

(Wörter 289)

4

a) entlangging; entlangging, sah; Stadt; Jugend, die; recht

b) *Möglich wäre:* Als ich langsam und nachdenklich den Strand enlangging, sah ich rechter Hand noch immer die Stadt, obwohl sie unter den schweren Nebelbänken fast zu verschwinden drohte. Alles war grau in grau, ganz so wie in meiner Erinnerung. Triste, leblos. Doch mein Gefühl sagte mir seltsamerweise etwas ganz anderes. Die Erinnerungen an meine schönen, unbeschwerten Jugendtage stiegen in mir auf und überstrahlten alles.

Seite 81

1
Nur die Wandergans fliegt in der Herbstnacht an der Stadt vorbei.

2
hämmern/anschlagen

3
Attribute: ganzes, graue, Jugend, lächelnd, graue
Personalpronomen: dir, du, dir, dir, du

4
Die Dächer werden vom Nebel schwer gedrückt.

Seite 83

2
1/b, 2/a, 3/d, 4/a, 5/d

3
Richtig sind: c), e)

Seite 84

4
1/d, 2/c, 3/a

5
1/b, 2/a, 3/d

6
Die Skizze B stimmt mit den Aussagen des Texts überein: Der Junge liegt im Bett, die Tür ist geschlossen und die Vorhänge sind zugezogen.

Seite 85

7
Das erste Bild entspricht dem Aufbau der Geschichte. Zu Beginn wird die Gegenwart beschrieben (der Junge liegt im Bett und träumt), dann erinnert er sich an mehrere glückliche Momente in seinem Leben. Am Schluss der Geschichte wird wieder die Gegenwart beschrieben: Der Junge sitzt weinend in einem Rollstuhl und ein Pfleger schiebt ihn in den Essensraum.

8
In dieser Kurzgeschichte gibt es einen Wendepunkt. Bis der Pfleger ins Zimmer kommt und ihn in einen Rollstuhl setzt, weiß der Leser nicht, dass sich der Junge in einem Krankenhaus befindet und nicht mehr laufen kann.

9
Möglicherweise hat der Junge einen Mopedunfall gehabt.

10
„Der Junge träumt von all diesen Stunden, diesen vielen lustigen, glücklichen Stunden, der unbeschwerten Fröhlichkeit dieser Zeit.“
„Jetzt weint er.“

11 *So könnte deine Lösung lauten:*
Die Überschrift „Geplatzte Träume“ passt meiner Ansicht nach besser zu der Kurzgeschichte. Der Junge erzählt zwar nicht direkt von Zukunftswünschen, die vielleicht nicht in Erfüllung gehen werden. Dennoch wird im Text deutlich, dass er glücklich ist, wenn er an vergangene Erlebnisse denkt, traurig jedoch, wenn er mit seiner derzeitigen Situation konfrontiert wird.

Seite 86

1 *So könnte deine Lösung lauten:*
Liebe ...,
danke für deine Postkarte. Ja, ich kann mich noch gut erinnern, wie das früher war: Immer war irgendetwas los. Ich muss sehr oft an diese glückliche Zeit denken. Die ist nun für mich vorbei. Ich lebe eigentlich nur noch in meinen Träumen. Eigentlich würde es mich nicht stören, wenn ich eines Tages nicht mehr aufwache. Jeden Tag dasselbe: Ich liege im Bett und habe eigentlich zu nichts Lust. Ich erinnere mich an die unbeschwerte fröhliche Zeit, als ich noch laufen konnte. Vielleicht wird es nie wieder so sein. Ich bin so unglücklich.
Ich war sehr traurig darüber, dass du dich so lange nicht gemeldet hast. Vielleicht schaffst du es ja doch einmal vorbeizuschauen. Darüber würde ich mich freuen. Dann kannst du mir noch mehr berichten.
Viele Grüße
Dein ...

2
Seitdem ich in diesem Bett liege, versuche ich unentwegt, in meinen Träumen zu leben und nicht mehr aufzuwachen.

Seite 87

1
fällt – Präsens; getrunken haben – Perfekt; ärgerten – Präteritum

2
das Prädikat

3
gefiele, gefällt
Im ersten Satz wird ein Wunsch ausgedrückt, im zweiten eine reale Unternehmung.

4
lange, dann, dann, nun, jetzt

In der Prüfung zu einem konkreten Schreibanlass arbeiten
Wird dir in der Prüfung ein konkreter Schreibanlass vorgegeben, musst du nachweisen, dass du die Merkmale der geforderten Textsorte kennst. Außerdem musst du beim Schreiben häufig auf den Adressaten deines Textes achten.

4 *Stell dir vor, ihr habt in der Klasse einen Videoclip zum Gedicht „Spätsommerabend" gedreht, der bei den Zuschauern große Begeisterung auslöst. Die Leiterin eines Alten- und Pflegeheimes bittet euch, dieses Video im Rahmen eines Kulturprogramms zu zeigen. Da in der Einrichtung aber auch blinde und sehschwache Menschen leben, wollt ihr für diese beschreiben, was im Einzelnen auf dem Video zu sehen ist.*
Berücksichtige bei der Bearbeitung der Aufgabe deine Ergebnisse aus Aufgabe 5, Seite 33.

a) *Bei der Beschreibung eines Bildes oder Filmes sind sprachliche und gestalterische Normen zu beachten. Entscheide, ob die folgenden Aussagen richtig oder falsch sind und kreuze entsprechend an.*

Aussagen	richtig	falsch
a) Das Tempus in einer Beschreibung ist das Präteritum.	☐	☐
b) Das Tempus in einer Beschreibung ist das Präsens.	☐	☐
c) Eine bestimmte Abfolge in der Beschreibung der Teile ist nicht zu beachten.	☐	☐
d) Die Art der Beschreibung ist sachlich feststellend.	☐	☐
e) Eindrücke und Stimmungen können beim Beschreiben dargestellt werden.	☐	☐
f) Es dürfen keine Wertungen vorgenommen werden.	☐	☐

b) *Beschreibe jede einzelne Szene des Videos so, dass man sich genau vorstellen kann, was nacheinander zu sehen ist. Arbeite in deinem Heft.*

Den Schluss planen und schreiben

Der Schluss
Der Schluss fasst die Ergebnisse zusammen und kommt zu einer begründeten Wertung.
Für den Schluss bieten sich folgende Fragen an:
- Welche Beobachtung(en) und/oder Schlussfolgerungen möchte ich abschließend hervorheben?
- Wie wirkt das Gedicht auf mich (vielleicht auch im Vergleich mit anderen Gedichten dieser Thematik)?
- Zu welchen Gedanken und Überlegungen regt mich das Gedicht an?
- Möchte ich das Gedicht anderen empfehlen? Wie begründe ich meine Entscheidung?

5 *Schreibe den Schlussteil eines Aufsatzes zum Gedicht „Spätsommerabend".*
a) *Wähle für den Schluss deines Aufsatzes Fragen aus dem Merkkasten aus.*
b) *Beantworte die Fragen in Stichworten in deinem Heft.*
c) *Schreibe den Schluss in dein Heft. Verwende dazu deine Stichpunkte.*

TEXTE ÜBERARBEITEN

Zur Überprüfung der Schreibkompetenz gehört, dass du vorliegende Textentwürfe überarbeiten musst. Hier wird beispielsweise überprüft, ob du
- Mängel in der Wortwahl oder unnötige Wortwiederholungen erkennst und korrigieren kannst,
- unklare Darstellungen präzisieren kannst,
- Mängel in der Textstruktur und in der Verknüpfung von Sätzen beheben kannst.

1 *Der folgende Auszug aus einem Schüleraufsatz enthält Mängel in der sprachlichen Darstellung.*

Vorsicht Fehler!

Der Dichter dichtet im Gedicht über das Thema der Verträglichkeit zwischen den Menschen und der Natur, aber auch noch zwischen manchen Menschen, indem er das lyrische Ich zum Schluss feststellen lässt, dass das der Schluss von einem ziemlich tollen Tag an diesem Abend ist, den man zusammen verbracht hat, wobei nicht klar wird, was mit so einem Tag gesagt werden will.

a) *Strukturiere den Satz, indem du ihn in mehrere Sätze gliederst.*

____

____

____

____

b) *Der Ausgangstext beginnt mit einer unnötigen Wiederholung. Entscheide, welche der folgenden Alternativen du für deine Überarbeitung auswählst. Kreuze an und schreibe eine Formulierungsvariante auf.*

Der Dichter	**dichtet**	**in seinem Gedicht**
☐ der Autor	☐ thematisiert	☐ in seinem Text
☐ Louis Fürnberg	☐ gestaltet	☐ in „Spätsommerabend"

Formulierungsvariante: ______________________________

c) *Markiere im Ausgangstext weitere Mängel in der Wortwahl oder unnötige Wiederholungen. Schreibe sie heraus und formuliere Alternativen.*

Mängel	Alternative 1	Alternative 2	
Verträglichkeit	Harmonie	Einklang	

Übungen zur Sprachkompetenz

In der Prüfung sollst du nachweisen, ob du mit der deutschen Sprache sicher umgehen kannst und ihre Regeln beherrschst. Dabei können dir Aufgaben gestellt werden
- zu Wortarten (z. B. Adjektive, Pronomen, Konjunktionen); besonders zum Verb: Tempusformen, Handlungsarten des Verbs (Aktiv – Passiv), Aussagearten des Verbs (Imperativ, Indikativ, Konjunktiv).
- zu Satzgliedern und Satzgliedfunktionen (z. B. Subjekt, Prädikat, Objekt).
- zum Satzbau.

1 *Der folgende Satz ist kunstvoll konstruiert.*

„Es färbt mit abendzarten Pastellen Zaun und Haus die Sonne hinterm Garten."

a) *Bestimme Subjekt und Prädikat in diesem Satz.*

Subjekt: ____________________

Prädikat: ____________________

b) *Schreibe den Satz in dieser Satzgliedfolge auf: Subjekt, Prädikat, Objekt.*

____

____

____

2 *Unterstreiche im folgenden Textauszug die Adverbien, mit denen eine zeitliche Abfolge signalisiert wird.*

„Der Blick des lyrischen Subjekts ruht zunächst auf den Apfelbäumen. Es sieht, wie sich die Früchte im Wind wiegen. Dann wandert er zu den Rosen und verweilt schließlich auf den Spinnweben, die vom Abendtau glänzen."

3 *Lies noch einmal den Textauszug in Aufgabe 2. Schreibe auf, auf welches Wort sich das „er" im dritten Satz bezieht.*

____

____

4 *Wodurch unterscheidet sich die Bedeutung des Verbs „geben" in den beiden folgenden Sätzen? Notiere.*

a) Der Dichter gestaltet eine Welt, die es so nicht gibt.

Bedeutung des Verbs: ____________________

b) Der Dichter gestaltet eine Welt, die es sonst nicht gäbe.

Bedeutung des Verbs: ____________________

4 Fiktionale Texte: Epik

Übungen zur Lesekompetenz

Um die Prüfungsaufgaben erfolgreich zu lösen, solltest du auf Folgendes achten:
- Wichtig ist zunächst ein **genaues und aktives Lesen** des Textes.
- Ohne Kenntnisse von den **Merkmalen des Erzählens** lassen sich die Aufgaben nicht bearbeiten.
- Um die Aufgaben zu lösen, muss **der Text im Ganzen** untersucht und erschlossen werden.

Die Aussage
von Günther Weisenborn

Als ich abends gegen zehn Uhr um mein Leben klopfte, lag ich auf der Pritsche und schlug mit dem Bleistiftende unter der Wolldecke an die Mauer. Jeden Augenblick flammte das Licht in der Zelle auf und der Posten blickte durch das Guckloch. Dann lag ich still.

Ich begann als Eröffnung mit gleichmäßigen Takten. Er erwiderte genauso. Die Töne waren fein und leise wie sehr entfernt. Ich klopfte einmal – a, zweimal – b, dreimal – c.

Er klopfte unregelmäßig zurück. Er verstand nicht.

Ich wiederholte, er verstand nicht.

Ich wiederholte hundertmal, er verstand nicht. Ich wischte mir den Schweiß ab, um meine Verzweiflung zu bezwingen. Er klopfte Zeichen, die ich nicht verstand, ich klopfte Zeichen, die er nicht verstand.

Ratlosigkeit.

Er betonte einige Töne, denen leisere folgten. Ob es Morse waren? Ich kannte nicht Morse. Das Alphabet hat 26 Buchstaben. Ich klopfte für jeden Buchstaben die Zahl, die er im Alphabet einnahm: für h achtmal, für p sechzehnmal.

Es tickten andere Takte herüber, die ich nicht begriff. Es schlug zwei Uhr. Wir mussten uns unbedingt verständigen. Ich klopfte: . = a, .. = b, ... = c

Ganz leise und fern die Antwort: – . – . – ..

Keine Verständigung. In der nächsten Nacht jedoch kam es plötzlich herüber, ganz leise und sicher: ., .., ...

Dann die entscheidenden Zeichen: zweiundzwanzig gleiche Klopftöne. Ich zählte mit, das musste der Buchstabe V sein. Dann fünf Töne. Es folgte ein R, das ich mit atemlos kalter Präzision auszählte. Danach ein S, ein T, ein E, ein H, ein E.

... verstehe ...

Ich lag starr und glücklich unter der Wolldecke. Wir hatten Kontakt von Hirn zu Hirn, nicht durch den Mund, sondern durch die Hand.

Unser Verstand hatte die schwere Zellenmauer des Gestapokellers überwunden. Ich war nass vor Schweiß, überwältigt vom Kontakt. Der erste Mensch hatte sich gemeldet. Ich klopfte nichts als: ... gut ...

Es war entsetzlich kalt, ich ging den Tag etwa 20 Kilometer in der Zelle auf und ab, machte im Monat 600, in neun Monaten 5 400 Kilometer, von Paris bis Moskau etwa, wartende Kilometer, fröstelnd, auf mein Schicksal wartend, das der Tod sein musste. Ich wusste es, und der Kommissar hatte gesagt, dass bei mir „der Kopf nicht dran" bleiben würde.

Die zweite Aussage lag eben vor, daran war nichts zu ändern. Es war nur eine Hoffnung, wenn K. diese Aussage zurücknehmen würde. In der Nacht klopfte ich ihn an: „Du ... musst ... deine ... Aussage ... zurücknehmen ..." Er klopfte zurück: „Warum? ..."

Ich: „Ist ... zweite ... Aussage ... gegen ... mich ... bedeutet ... Todesurteil ..."

Er: „Wusste ... ich ... nicht ..."

Ich: „Wir ... sind ... nicht ... hier ... um ... Wahrheit ... zu ... sagen ..."

Er: „Nehme ... zurück ..."

Ich: „Danke ..."

Er: „Morgen ..."

Ich: „Was ... brauchst ... du ...?"

Er: „Bleistift ..."

Ich: „Morgen ... Spaziergang ..."

Es wurde plötzlich hell. Das Auge der SS blickte herein. Ich lag still unter der Decke. Es wurde wieder dunkel. Ich hatte Tränen in den Augen. „Nehme zurück." Das werde ich nie vergessen. Es kam ganz fein und leise taktiert durch die Wand. Eine Reihe von kaum wahrnehmbaren Tönen, und es bedeutete, dass für mich die Rettung unterwegs war. Sie bestand diese Nacht nur im Gehirn des Todeskandidaten, drüben in Zelle acht, unsichtbar, winzig.

Morgen würden es oben Worte werden, dann würde es ein unterschriebenes Protokoll im Büro sein und eines Tages würde dies alles dem Gericht vorliegen.

„Dank in die Ewigkeit, K.!"

Ich brach von meinem Bleistift die lange Grafitspitze ab und trug sie während des Spaziergangs bei mir. Es gingen ständig sechs Mann, immer dieselben, die ich nicht kannte, im Kreis um den engen Gestapohof.

Zurückgekehrt standen wir auf unserem Flur zu drei Mann, weit voneinander entfernt, und warteten einige Sekunden, bis der Posten uns nachkam. Ich eilte heimlich zu Zelle acht, riss die Klappe auf, warf die Bleistiftspitze hinein, schloss die Klappe lautlos und stellte mich eilig an meinen Platz. Ich werde nie das erstaunte Aufblicken seiner sehr blauen Augen, sein bleiches Gesicht, die Hände, die gefesselt vor ihm auf dem Tisch lagen, vergessen. Der Posten kam um die Ecke. Das Herz schlug mir bis in den Hals. Wir wurden eingeschlossen.

Später klopfte es: „Danke ... habe ... Aussage ... zurückgenommen."

Ich war gerettet.

Vielleicht.

(Erschienen 1947)

SICH EINEN ÜBERBLICK VERSCHAFFEN, ERSTE BEOBACHTUNGEN FESTHALTEN

1 *Lies zunächst nur die Überschrift des Textes. Was verbindest du mit dem Wort „Aussage“? Welche Erwartungen hast du an den Text? Notiere Stichpunkte.*

2 *Lies den Text. Gehe dabei in den drei Schritten vor, die im Merkkasten beschrieben sind.*

Einen Text lesen
1. Lies den Text zuerst einmal zügig durch.
2. Lies den Text ein zweites Mal aktiv, d.h. langsam und gründlich, mit einem Stift in der Hand. Markiere dabei inhaltlich Wichtiges und hebe sprachliche Auffälligkeiten (z.B. Wiederholungen) hervor.
3. Markiere in jedem Absatz die Schlüsselwörter (besonders wichtige Wörter) farbig.

3 *Notiere deinen Leseeindruck. Du kannst Auffälligkeiten oder Fragen an den Text formulieren. Verwende dazu deine Markierungen aus Aufgabe 2.*

4 *Die Beantwortung der W-Fragen hilft dir, einen Text grob zu verstehen. Kreuze jeweils die zutreffende Antwort an. Achtung: Es gibt immer nur* ***eine*** *zutreffende Antwort.*

1 **Wer ist die Hauptfigur dieser Geschichte?**

- [ ] der Wärter
- [ ] der Zellennachbar
- [ ] der Ich-Erzähler
- [ ] zwei Gefangene

2 Wo spielt die Geschichte hauptsächlich?

- ☐ in einem Keller
- ☐ auf dem Gefängnishof
- ☐ in drei benachbarten Zellen
- ☐ in den zwei Zellen eines Gestapokellers

3 Wann beginnt der Gefangene, um sein Leben zu klopfen?

- ☐ morgens gegen zehn
- ☐ abends gegen zehn
- ☐ abends gegen neun
- ☐ während seiner Gefangenschaft

4 Wie kommuniziert der Ich-Erzähler mit seinem Zellennachbarn?

- ☐ Er schreit.
- ☐ Er klopft mit einer Bleistiftmine an die Mauer.
- ☐ Er schlägt mit einem Bleistiftende an die Mauer.
- ☐ Er schlägt mit den Fäusten an die Mauer.

5 Welches Verständigungs-System nutzen die Gefangenen?

- ☐ Morsezeichen
- ☐ das Alphabet
- ☐ Rauchzeichen
- ☐ eine Geheimsprache

5 *Für das Verständnis dieser Geschichte ist es wichtig, sich die räumlichen Verhältnisse im Gefängnis vorzustellen. Welche der beiden Skizzen stimmt mit den Aussagen des Textes überein? Begründe deine Entscheidung.*

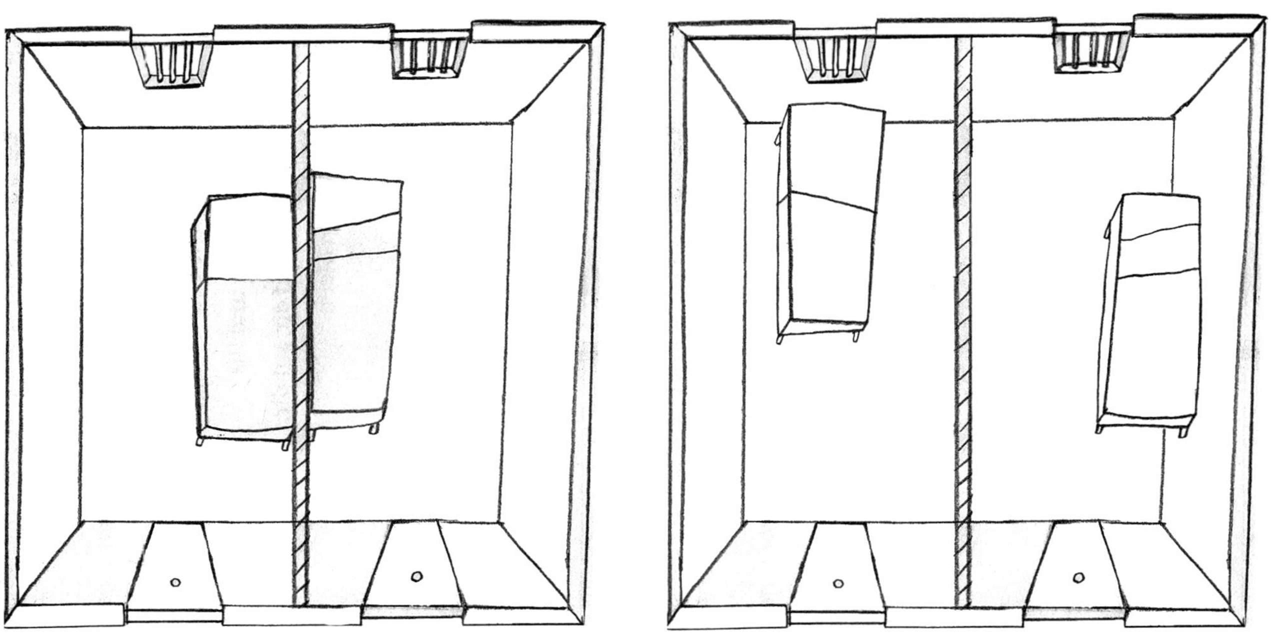

____

____

____

____

____

____

DIE HANDLUNG ZUSAMMENFASSEN

1 *Worum geht es in dem Text? Kreuze Zutreffendes an.*

- ☐ Es geht um die Überwindung von Kommunikationsproblemen zweier Gefangener.
- ☐ Der Text handelt von der Erfindung des Morsealphabets.
- ☐ Es geht um das Bewahren menschlicher Stärken, besonders der Hilfsbereitschaft, unter den gefährlichen und unmenschlichen Bedingungen eines Gestapogefängnisses.
- ☐ Der Autor thematisiert die Gefahren des Widerstandskampfs.

2 *Gliedere den Text in Sinnabschnitte. Gib die Zeilen an und fasse den Inhalt jedes Abschnitts in einem Satz zusammen.*

Zeilen 1 – 6: Ein Häftling eines Gestapogefängnisses versucht, sich durch Klopfzeichen mit seinem Zellennachbarn zu verständigen.

Zeilen 7 – 27: Die Verständigung misslingt.

3 *Notiere zu jedem Sinnabschnitt aus Aufgabe 2 eine passende Überschrift.*

Figuren, Ort, Zeit und Aufbau der Geschichte untersuchen

Leitfragen stellen
Leitfragen helfen dir, alle wichtigen Punkte des Textes zu erfragen.
Du kannst selbst Leitfragen stellen, z. B.:
- nach den Figuren, ihren Beziehungen, den Gründen für ihre Handlungen,
- nach Ort und Zeit,
- nach Aufbau und Verlauf der Geschichte.

1 *Beantworte die Leitfragen zu den Figuren.*

a) *Was weißt du über die beiden Gefangenen? Notiere Stichworte.*

____

____

b) *In welcher Beziehung stehen die beiden Zellennachbarn vermutlich zueinander? Kennen sie sich vielleicht von früher oder begegnen sie sich zum ersten Mal im Gefängnis? Begründe deine Antwort.*

____

____

____

____

____

c) *Warum nehmen die Gefangenen Kontakt auf? Kreuze an.*

- ☐ Der Ich-Erzähler bittet K., seine belastende Aussage zurückzunehmen.
- ☐ K. bittet den Ich-Erzähler um eine Bleistiftmine.
- ☐ K. und der Ich-Erzähler wollen sich unterhalten.
- ☐ Der Ich-Erzähler will fliehen.

d) *Welche Strafe haben die beiden Gefangenen zu erwarten? Kreuze an und belege deine Lösung mit zwei Textstellen.*

- ☐ gar keine
- ☐ Sie müssen mit der Todesstrafe rechnen.
- ☐ Sie werden zu lebenslänglicher Haft verurteilt.
- ☐ Sie werden ohne Gerichtsverhandlung hingerichtet.

____

____

____

____

e) *Hat K. absichtlich eine belastende Aussage gegen den Ich-Erzähler gemacht? Begründe deine Meinung.*

f) *Wie beurteilst du die Rücknahme der Aussage? Bringt K. sich in Gefahr?*

2 *Beantworte die Leitfragen zu Ort und Zeit des Geschehens mit eigenen Worten. Schreibe jeweils ein bis zwei Sätze.*

a) *Wie wirkt sich der Ort des Geschehens auf die Personen aus?*

b) *Wie wirkt sich der Ort des Geschehens auf die Handlung aus?*

c) *Welchen Zeitraum umfasst das Geschehen?*

d) *Spielt die Zeit eine wichtige Rolle?*

Aufbau und Verlauf der Handlung

Die Handlung einer Geschichte hat oft einen oder mehrere **Höhepunkte**: Hier ist die Spannung am höchsten.
Sehr häufig gibt es auch einen **Wendepunkt**, an dem das bisherige Geschehen einen überraschenden Verlauf nimmt.
Manchmal fallen Höhepunkt und Wendepunkt zusammen.

Literarische Texte haben oft einen Spannungsverlauf, den man in einer Spannungskurve grafisch darstellen kann.

Hier ist der Spannungsverlauf eines Textes dargestellt, der am Anfang seine höchste Spannung hat, die dann zum Schluss hin gleichmäßig abfällt (z. B. ein Kriminalroman, der mit einem Verbrechen beginnt).

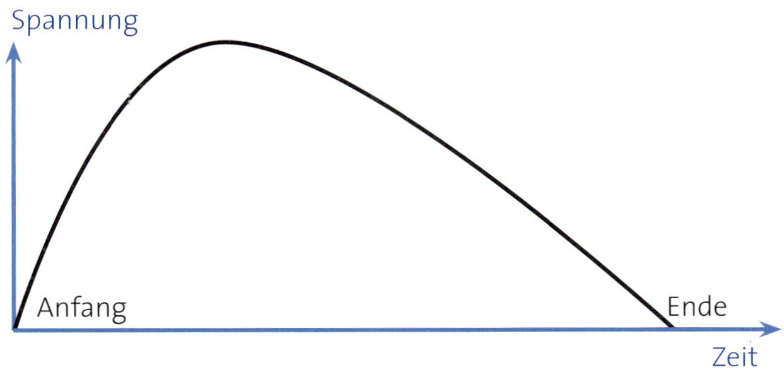

3 *Bearbeite die Leitfragen zum Aufbau und zum Verlauf der Geschichte.*

a) *Wie beginnt die Geschichte?*

b) *Wie endet die Geschichte ? Bleiben Fragen offen?*

c) *Nimmt die Handlung eine überraschende Wendung?*

d) *Notiere Zeilenangaben, an denen Höhepunkt und Wendepunkt liegen.*

TIPP
Eine Handlung kann auch mehrere Höhepunkte und Wendepunkte haben.

e) *Zeichne den Spannungsverlauf der Geschichte.*

DIE TEXTSORTE BESTIMMEN

1 **a)** *Lies auf Seite 67 die Erklärungen zu den Textsorten.*
b) *Kreuze an, welche Merkmale auf den Text „Die Aussage" zutreffen.*

Aussagen	richtig	falsch
a) Es handelt sich um einen längeren epischen Text.	☐	☐
b) Es handelt sich um eine kurze Erzählung.	☐	☐
c) Der Text hat ein offenes Ende.	☐	☐
d) Der Text beginnt unvermittelt.	☐	☐
e) Es gibt zahlreiche Schauplatzwechsel.	☐	☐
f) Die Handlung beschränkt sich auf einen Ort.	☐	☐
g) Viele Figuren treten auf.	☐	☐
h) Wenige Figuren treten auf.	☐	☐
i) Es gibt eine Haupthandlung.	☐	☐
j) Es gibt Haupt- und Nebenhandlungen.	☐	☐
k) Der Text liefert Hintergrundinformationen.	☐	☐

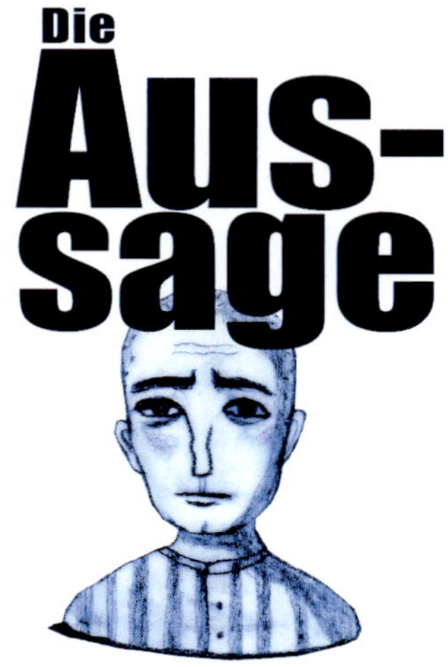

c) *Notiere Textstellen und Zeilenangaben zu einigen Aussagen, die du in 1b) als richtig eingestuft hast.*

offenes Ende: „Ich war gerettet. Vielleicht." Zeile 100–101.

d) *Notiere, um welche Textsorte es sich deiner Ansicht nach handelt, und begründe kurz.*

GESTALTUNGSMITTEL ANALYSIEREN

Die Textgestaltung kannst du schrittweise untersuchen:
1. die Charaktere der Figuren (und ihr Verhältnis)
2. die Merkmale des Erzählens
3. die Sprache des Textes
4. besondere Stilmittel

ZIEL!

EINE FIGUR CHARAKTERISIEREN

Eine Figur charakterisieren
In einem literarischen Text werden Informationen über eine Figur **direkt** deutlich, z. B. durch ihr Verhalten, durch das, was sie sagt, oder **indirekt**, z. B. durch die Aussagen anderer Figuren über sie.
Es ist wichtig, dass du auch notierst, welche wesentlichen Punkte du aus dem Text nicht erfährst, z. B. die Namen der Figuren oder etwas über ihr Aussehen.

1 a) *Lies den Text „Die Aussage" auf den Seiten 46 und 47 erneut aufmerksam durch. Was erfährst du über die Hauptfigur? Markiere alle passenden Textstellen farbig.*
b) *Ergänze die folgende Mind-Map.*

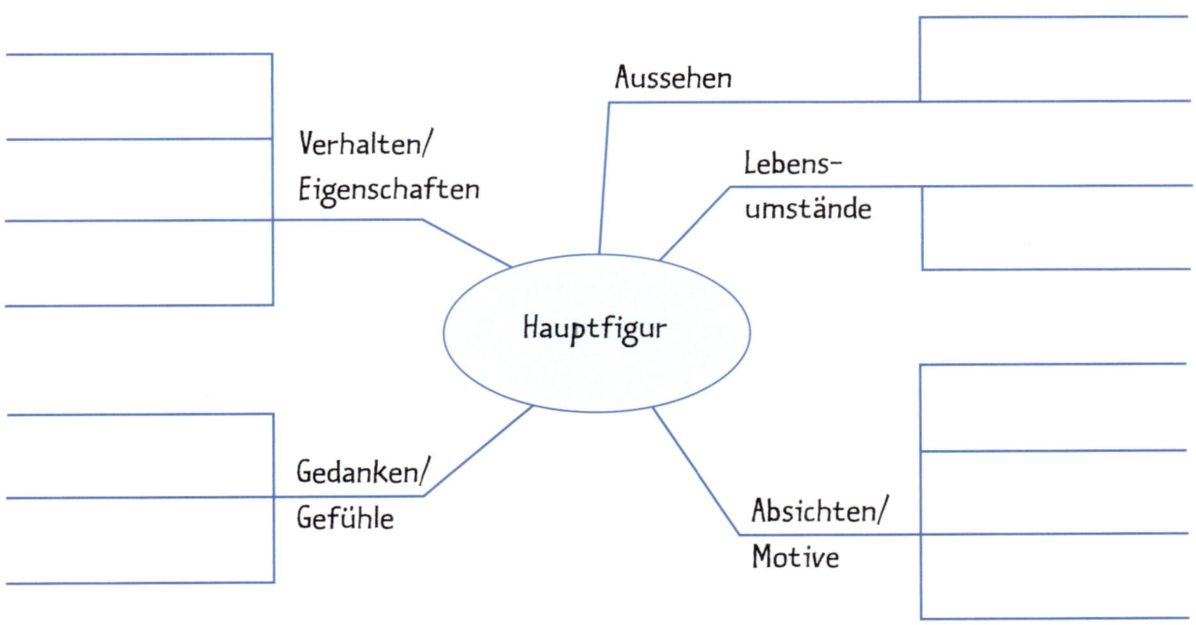

c) *Gib passende Textstellen zu den Unterpunkten an, die du in der Mind-Map gesammelt hast.*

hartnäckig: Die Hauptfigur ist hartnäckig, denn sie versucht immer wieder, die Verständigung mit dem Zellennachbarn zu erreichen. (Zeile 14)

Merkmale des Erzählens: Erzählform und Erzählperspektive

Man unterscheidet Erzählform und Erzählperspektive eines Prosatextes.

Erzählform
Ein Text kann in der Ich-Form oder in der Er-/Sie-Form geschrieben sein.
Ich-Form: *Ich war ganz in der Nähe meines Schreibtischs angelangt.*
(Xavier de Maistre: Die Reise um mein Zimmer)
Er-/Sie-Form: *Der Mann ging nun überhaupt nicht mehr vom Spiegel fort.*
(Kurt Tucholsky: Frauen sind eitel. Männer? Nie – !)

1 *In welcher Erzählform ist „Die Aussage" geschrieben? Schreibe die Antwort in einem Satz auf und belege sie mit zwei Zitaten aus dem Text.*

____

____

____

____

____

____

____

Erzählperspektiven
Auktoriale Erzählperspektive: Der Erzähler ist „allwissend". Er beobachtet die Figuren von außen, kennt aber auch ihre Gedanken und Gefühle. Er weiß, was in Zukunft geschehen wird und was in der Vergangenheit geschehen ist. Er ist nicht am Geschehen beteiligt, sondern erzählt, kommentiert und urteilt über die Figuren. Es wird in der Er-/Sie-Form erzählt.

Beispiel: *Am Himmelfahrtstage, nachmittags um drei Uhr, rannte ein junger Mensch in Dresden durchs Schwarze Tor und geradezu in einen Korb mit Äpfeln und Kuchen hinein (...).* (E. T. A. Hoffmann: Der goldene Topf)

Personale Erzählperspektive: Der Erzähler spricht aus der Sicht einer oder mehrerer Personen in der Er-/Sie-Form. Er ist dabei nicht „allwissend", sondern schildert das Geschehen aus der Sichtweise der Figuren.

Beispiel: *Sein Mund trocken vor Angst: Er könnte wirklich so etwas tun. Er war allein; niemand, der ihn bewachte.* (Gabriele Wohmann: Die Klavierstunde)

Ich-Erzählperspektive: Der Ich-Erzähler ist als Figur am Geschehen beteiligt und berichtet in der Ich-Form darüber. Der Ich-Erzähler kann dabei aus größerer zeitlicher Entfernung von seinem jüngeren „Ich" berichten (a) oder er erzählt aus der Sicht seines jetzigen „Ich"(b).

Beispiele: a) *Am 28. August 1749, mittags mit dem Glockenschlage zwölf, kam ich in Frankfurt am Main auf die Welt.* (Goethe: Dichtung und Wahrheit)
b) *Wie froh bin ich, dass ich weg bin!* (Goethe: Die Leiden des jungen Werther)

2 *Markiere im Merkkasten für jede Erzählperspektive die wichtigen Punkte.*

3 *Ordne den Erzählperspektiven die Beispiele A bis C zu.*
Trage die entsprechenden Buchstaben in die rechte Spalte ein.

Ich-Erzählperspektive	________
Personale Erzählperspektive	________
Auktoriale Erzählperspektive	________

A: Er hatte Tränen in den Augen. Nie würde er das vergessen!

B: Ich hatte Tränen in den Augen. Das würde ich nie vergessen.

C: Er hatte Tränen in den Augen und dachte, dass er das nie vergessen würde.

4 *In welcher Erzählperspektive ist „Die Aussage" geschrieben?*
Belege deine Aussage mit zwei Textzitaten.

____

____

____

____

Wie Erzählperspektiven wirken
Erzählperspektiven haben unterschiedliche Wirkungen. Durch die Erzählperspektive kann der Autor/die Autorin die Lesenden in das Geschehen hineinziehen und sie alles hautnah miterleben lassen. Durch die Wahl der Erzählperspektive können die Lesenden aber auch vom Geschehen entfernt werden. Sie können dann leichter selbst beurteilen und kommentieren, was vor sich geht.

5 *Wie wirkt der Text „Die Aussage" durch die gewählte Erzählperspektive?*
Beschreibe, wie nah die Lesenden das Geschehen miterleben, und belege deine Aussage mit zwei Textzitaten.

____

____

____

____

____

____

____

____

Merkmale des Erzählens: Redeformen

Ein Text hat diese zwei Möglichkeiten, etwas darzustellen: Entweder spricht der Erzähler selbst oder er lässt die Figuren sprechen.

Erzählbericht
Im Erzählbericht führt der Erzähler die Lesenden durch das Geschehen. Er fasst zusammen oder blickt in die Zukunft, er berichtet und kommentiert. Der Erzählbericht kann in der Er-/Sie-Form oder in der Ich-Form stehen.

1 *Lies den ersten Absatz des Textes „Die Aussage“. Handelt es sich um einen Erzählbericht? Begründe deine Aussage.*

2 *Lies den folgenden Merkkasten und markiere in den Erklärungen wichtige Punkte.*

Figurenrede
In der Figurenrede lässt der Erzähler die Figuren sprechen. Das kann auf verschiedene Weise geschehen:

Direkte Rede: Aussagen und Gespräche werden wörtlich, so wie sie stattfinden, wiedergegeben. Oft werden Anführungszeichen gesetzt.

Beispiel: *„Hallo, geht es dir heute besser?“ – „Ja, ich kann nicht klagen.“*

Indirekte Rede: Gespräche werden indirekt wiedergegeben. Es wird der Konjunktiv verwendet. Die Gesprächsteile werden eingeleitet, z. B. durch: Sie dachte, er fragte ... Die Er-/Sie-Form oder die Ich-Form können verwendet werden.

Beispiel: *Er fragte sie, ob es ihr heute besser ginge.*

Innerer Monolog oder Gedankenbericht: Gedanken und Gefühle einer Figur werden – wie in einem Selbstgespräch – in der Ich-Form wiedergegeben. Meist steht die Rede im Präsens. Wird eine Vergangenheitsform verwendet, spricht man von Gedankenbericht.

Beispiele: *Hoffentlich bin ich nicht zu direkt, aber ich werde ja wohl mal fragen dürfen.*
Ich dachte, dass es nicht gut stand. (Gedankenbericht)

Erlebte Rede: Gedanken und Gefühle einer Figur/mehrerer Figuren werden in der Er-/Sie-Form geschildert. Auch hier hat man den Eindruck eines Selbstgesprächs.

Beispiel: *Es war wohl nicht möglich, dass er sie auch nur einmal in Ruhe ließ.*

3 *Ordne den Redeformen die Beispiele A bis D zu. Setze den entsprechenden Buchstaben in die rechte Spalte ein.*

Direkte Rede	______
Indirekte Rede	______
Innerer Monolog	______
Erlebte Rede	______

A: Ich lag starr und glücklich unter der Wolldecke. Wir hatten Kontakt von Hirn zu Hirn [...]. (Zeilen 37–38)

B: [...] und der Kommissar hatte gesagt, dass bei mir „der Kopf nicht dran" bleiben würde. (Zeilen 49–51)

C: Später klopfte es: „Danke ... habe ... Aussage ... zurückgenommen." (Zeilen 98–99)

D: Ob es Morse waren? Ich kannte nicht Morse. (Zeilen 19–20)

4 a) *Lies den Text „Die Aussage" langsam durch und überprüfe, welche Redeformen vorkommen.*
b) *Schreibe in ganzen Sätzen, welche Redeformen du in „Die Aussage" gefunden hast und welche häufig vorkommen. Belege jede Redeform mit einem Textzitat.*

5 *Beantworte die folgenden Fragen in ganzen Sätzen.*
a) *In welchen Zeitformen ist der Text geschrieben?*

b) *Überwiegt eine Zeitform?*

Sprache: Sprachstil und Stilmittel

1 *Schlage auf Seite 67 die Sprachstile nach.*

2 *Welche Sprachstile verwendet der Autor? Schreibe die Antwort in einem Satz auf und belege sie mit zwei Textzitaten.*

Stilmittel
Die besonders kunstvolle Art und Weise, wie etwas gesagt wird, nennt man Stilmittel.
Durch ein Stilmittel wird eine Sache nicht nur gesagt, sondern auch gezeigt.
Will man z. B. Atemlosigkeit darstellen, kann man eine Figur sagen lassen:
„Ich bekomme keine Luft."
Man kann dazu auch die Stilmittel Ellipse und Wiederholung verwenden.
Dann sagt die Figur: *„Ich ... keine Luft ..." – „... k ... Luft ..."*

3 *Schlage auf Seite 69 die Stilmittel nach.*

4 *Welche Stilmittel werden in den folgenden Textstellen verwendet?*
a) *Schreibe das/die passenden Stilmittel hinter die Textstellen.*
b) *Notiere in Stichworten, welche Funktion das jeweils verwendete Stilmittel haben könnte.*

TIPP
Mögliche Funktionen von Stilmitteln:
- Etwas wird betont.
- Etwas wird bildlich dargestellt.
- Ein Eindruck wird verstärkt.

1. Ich wiederholte, er verstand nicht. Ich wiederholte hundertmal, er verstand nicht. (Zeile 13 f.)

Anapher, Parallelismus, Wiederholung

Funktion: zeigt die vielen Versuche und betont die Vergeblichkeit

2. Unser Verstand hatte die schwere Zellenmauer des Gestapokellers überwunden. (Zeile 40 f.)

Funktion: ______

3. (...) wartende Kilometer, fröstelnd, auf mein Schicksal wartend (...) (Zeile 47 f.)

Funktion: ______

5 *Überprüfe Schritt für Schritt, ob du weitere Stilmittel im Text findest.*
a) *Schreibe die Stilmittel in dein Heft und belege deine Angaben mit Textzitaten.*
b) *Bestimme die Funktion dieser Stilmittel. Schreibe sie in ganzen Sätzen hinter die Zitate.*

Übungen zur Schreibkompetenz

In der Prüfung wird **nicht** von dir erwartet, dass du einen kompletten Interpretationsaufsatz schreibst. Du sollst stattdessen verschiedene kleinere Aufgaben lösen.
Die Aufgaben zur Überprüfung der Schreibkompetenz werden in drei Bereiche gegliedert:
- Texte planen und entwerfen
- Texte schreiben
- Texte überarbeiten

Texte planen und schreiben

Bevor du deinen Text planen und schreiben kannst, musst du die Aufgabenstellung genau lesen. Kläre dann folgende Fragen:
1. Gibt mir die Aufgabenstellung einen bestimmten Adressaten vor? Das könnten z. B. deine Mitschüler sein oder der Empfänger eines Briefes.
2. Gibt mir die Aufgabenstellung eine bestimmte Textsorte vor? Das könnten z. B. eine Rezension für die Schülerzeitung oder ein persönlicher Brief, aber auch ein innerer Monolog oder ein Tagebucheintrag sein.
3. Welche Ergebnisse deiner Textanalyse und -deutung wählst du aus?
4. Wie beginnst du deinen Text? Was schreibst du in die Einleitung?
5. Wie baust du deine Darstellung im Hauptteil logisch und nachvollziehbar auf?
6. Wie beendest du deinen Text? Was schreibst du in den Schluss?

Eine Einleitung schreiben

1 *Schreibe eine Einleitung für einen Aufsatz über Günther Weisenborns Text „Die Aussage". Beziehe dabei die folgenden Informationen zum Autor mit ein.*
Nutze nur die wichtigsten Informationen.

TIPP
Die Einleitung soll die Leser eines Textes/Aufsatzes über Autor, Titel, Entstehungszeit und Thema des Textes informieren.

Günther Weisenborn (1902–1969): Er verließ 1930 Deutschland und lebte in Argentinien. Er kehrte 1937 zurück und schloss sich dem Widerstand gegen die Nationalsozialisten an.
1942 –1945 verbrachte er deshalb im Gefängnis. Danach arbeitete er als Schriftsteller in Berlin. Die meisten seiner Werke handeln vom Widerstand gegen die nationalsozialistische Herrschaft in Deutschland.

Eine Figurencharakteristik planen und schreiben

2 *Beim Schreiben einer Figurencharakteristik musst du sprachliche und gestalterische Vorgaben beachten. Entscheide, ob die folgenden Aussagen richtig oder falsch sind. Kreuze an.*

	Aussagen	richtig	falsch
a)	Das Tempus in einer Figurencharakteristik ist das Präsens.	☐	☐
b)	Das Tempus in einer Figurencharakteristik ist das Präteritum.	☐	☐
c)	Die sprachliche Gestaltung sollte emotional gefärbt und wertend sein.	☐	☐
d)	Die sprachliche Gestaltung sollte sachlich und möglichst objektiv sein.	☐	☐
e)	Textbelege sind nicht notwendig.	☐	☐
f)	Wichtige Aussagen sind durch Textverweise und Zitate zu belegen.	☐	☐
g)	Als Mittel der Distanzierung von der Figur kann die indirekte Rede genutzt werden.	☐	☐

3 *Nutze zur Planung deiner Charakterisierung die Mind-Map auf Seite 55.*

4 *Schreibe eine Charakterisierung der Hauptfigur. Halte dich dabei an deine Ergebnisse aus Aufgabe 2.*

TIPP
Folgende Formulierungen kannst du verwenden:
Über die Hauptfigur erfährt man (nur), dass ...;
Er fürchtet/hofft, dass ...;
Es muss sich um eine Person handeln, die ...;
Weitere Eigenschaften sind ...

Einen inneren Monolog planen und schreiben

5 *Beim Schreiben eines inneren Monologs musst du sprachliche und gestalterische Vorgaben beachten. Entscheide, ob die folgenden Aussagen richtig oder falsch sind.*
Kreuze an.

> **TIPP**
> Zum inneren Monolog siehe auch Seite 68.

	Aussagen	**richtig**	**falsch**
a)	Der innere Monolog wird in der Ich-Form verfasst.	☐	☐
b)	Es ist wichtig, Distanz zu den Gefühlen der Figur zu wahren.	☐	☐
c)	Der innere Monolog gibt den Bewusstseinszustand der Figur wieder. Er kann Gedankensprünge, Wahrnehmungen, Erinnerungen und Empfindungen enthalten.	☐	☐
d)	Die Verwendung von Hochsprache ist angemessen.	☐	☐
e)	Die Verwendung von Umgangssprache, ein eher mündlicher Sprachgebrauch, ist angemessen.	☐	☐
f)	Ein lockerer Satzbau, unvollständige und abgebrochene Sätze gehören zum inneren Monolog.	☐	☐
g)	Das Tempus des inneren Monologs ist das Präsens.	☐	☐
h)	Das Tempus des inneren Monologs ist das Präteritum.	☐	☐

6 *Was geht im Bewusstsein der Hauptfigur vor? Notiere Stichworte.*
Du kannst dazu auch auf die Ergebnisse deiner Charakteristik (Seite 62) zurückgreifen.

___

___

___

___

___

___

___

___

___

7 *Der Erzähler hat die Idee, mit seinem Zellennachbarn über Klopfzeichen Kontakt aufzunehmen. Das kann für ihn die Rettung bedeuten. Er versucht es unentwegt, immer von Neuem, aber sein Zellennachbar versteht ihn nicht.*
Setze mit dem inneren Monolog bei den Worten „Keine Verständigung" (Zeile 28) ein. Der Erzähler hat nun einen weiteren Tag voller Ungewissheit vor sich.
Schreibe in dein Heft.

Beachte beim Schreiben folgende Punkte:
- Gehe auf den Inhalt des Textes ein: Warum sucht der Erzähler Kontakt? Was hängt für ihn davon ab?
- Verdeutliche die Gefühle und Gedanken des Erzählers.
- Verwende eine angemessene Sprache.
- Achte auf Zeichensetzung und Orthografie.

TEXTE ÜBERARBEITEN

Eine Inhaltsangabe schreiben
Der Einleitungssatz sollte Informationen zu Textart, Titel, Autor/Autorin, Erscheinungsjahr enthalten und das Thema des Textes benennen, z. B.:
Die Kurzgeschichte „...“ von ... aus dem Jahr ... handelt von ...
In der ... erschienenen Kurzgeschichte „...“ von ... geht es um ...

So schreibst du eine Inhaltsangabe:
- Formuliere den Einleitungssatz.
- Gib die wesentlichen Erzählschritte in eigenen Worten wieder.
- Schreibe keine Nacherzählung des Textes.
- Verwende nur indirekte Rede.
- Schreibe im Präsens. Formuliere sachlich und knapp.

1 *Überarbeite die folgende Inhaltsangabe mit Hilfe des Merkkastens oben. Gehe so vor:*
– Streiche Unwichtiges und Falsches. Achte dabei auch auf eine ungenaue Wortwahl.
– Ergänze fehlende Inhalte.
– Schreibe die überarbeitete Inhaltsangabe auf.

Der Text „Die Aussage“ handelt von einem Gespräch zwischen zwei Gefangenen während der Naziherrschaft. Es ist kein richtiges Gespräch, weil beide in zwei benachbarten Zellen sitzen und sich nur durch Klopfzeichen verständigen können. Sie werden ständig von SS-Wachmännern beobachtet und müssen sehr vorsichtig sein. Der Gefangene K. beschuldigt den anderen Gefangenen mit seiner Aussage. Sie brauchen lange, um sich auf ein Klopfsystem zu verständigen. Der eine Gefangene benutzt für jeden Buchstaben die Zahl, die der Buchstabe im Alphabet hat, K. benutzt wohl Morsezeichen. Dann gelingt die Verständigung und der Gefangene bittet K., seine Aussage zurückzunehmen, was dieser auch tut. Dazu muss er ihm eine Bleistiftmine geben. Nun ist der eine Gefangene gerettet.

Übungen zur Sprachkompetenz

Die Wortarten
Mit der gehäuften Verwendung bestimmter Wortarten kann der Autor folgende Wirkungen erzielen:
Viele Adjektive: Der Text ist beschreibend, schmückt aus.
Viele Verben: Der Text macht einen lebendigen Eindruck, es gibt Handlung und Bewegung.
Viele Nomen: Der Text ist anschaulich und leicht zu lesen.
Viele Adverbien: Der Text wirkt komplex und detailliert. Es wird vorsichtig und genau formuliert.

1 *Untersuche die Verwendung der Wortarten.*
a) *Welche Wortarten werden im Text besonders häufig, welche eher selten verwendet? Notiere.*

____

b) *Wie wirkt der Text dadurch? Passt das zum Inhalt des Textes? Schreibe in ganzen Sätzen.*

TIPP
Die Informationen im Merkkasten oben helfen dir.

____

____

____

Der Satzbau
- Eine Aneinanderreihung von Hauptsätzen nennt man **Satzreihe** (oder Parataxe).
- Eine Verbindung aus Haupt- und Nebensatz/Nebensätzen nennt man **Satzgefüge** (oder Hypotaxe).

2 *Welcher Satzbau liegt in den folgenden Abschnitten vor? Schreibe hinter die Sätze.*

Er klopfte unregelmäßig zurück. Er verstand nicht. (Zeile 11–12): ______________________________

Als ich abends gegen zehn Uhr um mein Leben klopfte,
lag ich auf der Pritsche und schlug mit dem Bleistiftende
unter der Wolldecke an die Mauer. (Zeile 1–3): ______________________________

3 *Welchen Satzbau findest du häufig in „Die Aussage“? Belege deine Aussagen mit Textzitaten.*

____

____

____

____

4 *Warum könnte der Autor seine Sätze so gestaltet haben? Begründe deine Ansicht in deinem Heft.*

5 Hilfsmittel

Arbeitstechniken

Die folgenden beiden Arbeitstechniken kannst du immer einsetzen, wenn es darum geht, Ideen zu sammeln.

Clustering
Du schreibst ein Stichwort in die Mitte eines Blattes und kreist es ein. Weitere Stichwörter, die zu ihm passen, schreibst du um das erste Stichwort herum und kreist sie ebenfalls ein. Zusammenhänge machst du deutlich, indem du zusammengehörende Stichwörter mit Linien verbindest.

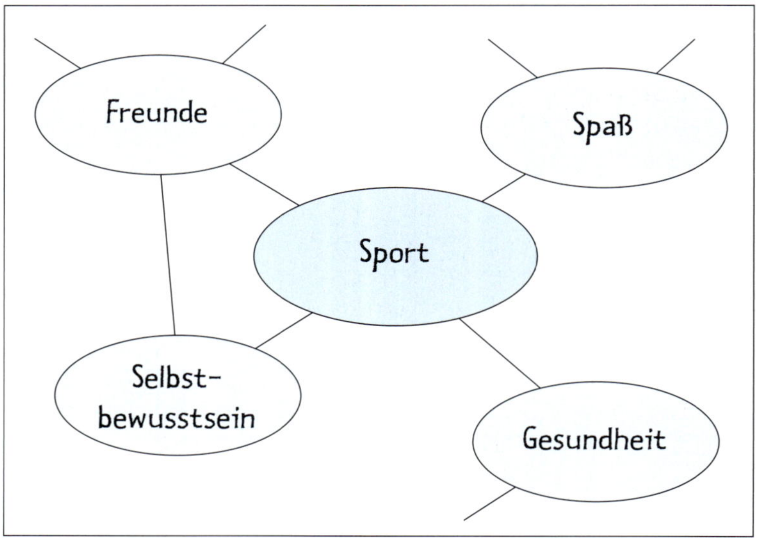

Mindmapping
Mind-Map heißt „Gedankenlandkarte". Diese Methode steht einer Gliederung sehr nahe. In die Mitte eines Blattes schreibst du einen zentralen Begriff. Kreise den Begriff ein. Zeichne von der Mitte aus Linien. Schreibe Stichworte, die dir zum Thema einfallen und die Oberpunkte sein könnten, auf diese Linien. Von jedem Oberpunkt gehen weitere Linien (Äste) aus. Hier notierst du Unterpunkte, die zu dem jeweiligen Oberpunkt gehören.

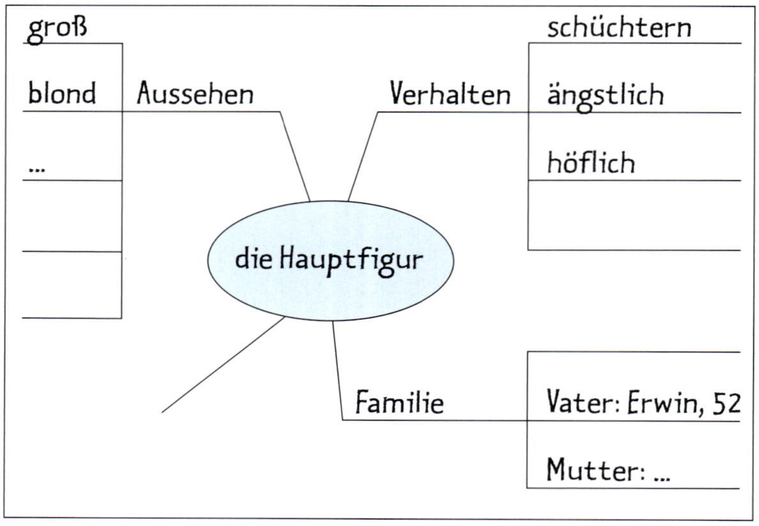

Zitieren
Ein **Zitat** ist eine **wörtliche Übernahme** aus einem Text. Zitate müssen kenntlich gemacht werden:
1. durch Anführungsstriche am Anfang und Ende des übernommenen Textabschnitts und
2. durch die Zeilenangabe in Klammern am Ende des Zitats, z. B. *(Zeile 2–7)*.

Der Textabschnitt wird **buchstabengetreu** und **im richtigen Sinnzusammenhang** wiedergegeben.
- Du kannst einen oder mehrere Sätze ganz übernehmen (**direktes Zitat**).
- Wenn du Wörter auslässt oder einen Satz überspringst, verwende ein Auslassungszeichen anstelle der fehlenden Textstellen: [...] (**verkürztes Zitat**).
- Du kannst auch nur einzelne Wörter oder kurze Satzteile zitieren. Diese stehen dann in Anführungsstrichen, z. B.: *Die Demonstranten fordern eine „Wahrheitskommission" (Zeile 35)* (**eingebautes Zitat**).
- Zitate kannst du auch in eigenen Worten wiedergeben. Dann benötigst du keine Anführungsstriche und Auslassungszeichen. Die Zeile, auf die du dich beziehst, notierst du dann so: *(vgl. Zeile 2–7)*. Diese Angabe solltest du auch machen, wenn du einen Abschnitt zusammenfasst (**indirektes Zitat**).

EPISCHE TEXTSORTEN

Novelle: kurze und straffe Erzählung
- dramatischer Inhalt: eine „unerhörte“ (außergewöhnliche) Begebenheit, die meist zum Wendepunkt des Geschehens wird
- nicht märchenhaft, sondern wirklichkeitsnah
- Thema: Das Schicksal bricht in geordnete Lebensverhältnisse ein.

Roman: epischer Text von größerem Umfang
- zahlreiche Figuren
- Es gibt Haupt- und Nebenhandlungen (komplexe Handlung).
- Man unterscheidet verschiedene Arten des Romans, z. B. Detektivroman, Briefroman, Großstadtroman.

Kurzgeschichte: kurze Erzählung, die einige oder alle der folgenden Merkmale aufweist
- unvermittelter Anfang, offenes Ende
- alltägliches Geschehen, Nähe zur Alltagssprache
- Konzentration auf eine Haupthandlung, wenige Figuren treten auf
- Das Geschehen findet an einem Ort in einem überschaubaren Zeitraum statt.
- Inneres Geschehen steht im Vordergrund.
- Ein Leitmotiv zieht sich durch den Text.
- Wechsel zwischen Erzählbericht und Figurenrede

SPRACHSTILE

Standardsprache (auch Hoch- oder Literatursprache): Sprachform, die in Presse, Rundfunk und in öffentlichen Reden gepflegt wird. Im Schriftlichen wird meist Standardsprache verwendet (daher sagt man auch „schriftsprachlich“). Sie unterliegt Regeln (Grammatik, Rechtschreibung), die für alle verbindlich sind.

Umgangssprache: Wird meist im Alltag verwendet. Sie ist einfacher als die Hochsprache. Typisch sind kurze Sätze, die auch unvollständig bleiben können (man sagt auch „gesprochensprachlich“).

Dialekt: Ein Dialekt ist eine regionale Sprachform wie z. B. das Sächsische oder Bayerische.

Gruppensprache: Die Sprechweise bestimmter Gruppen weicht vom allgemein üblichen Sprachgebrauch ab. Die Gruppensprache dient unter anderem der Abgrenzung gegenüber anderen Gruppen. Die Jugendsprache z. B. ist an ein bestimmtes Alter gebunden und wechselt von Generation zu Generation.

Fachsprache: Wird in bestimmten Fachgebieten/Berufen verwendet. Kennzeichnend sind berufstypische Wendungen und Wörter, deren Bedeutung streng festgelegt ist. Häufig werden Anglizismen und Internationalismen verwendet (aus dem Englischen oder aus anderen Sprachen stammende Wörter).

Einige Textsorten für die Überprüfung der Schreibkompetenz

Brief

Ein Brief ist ein Gesprächsersatz. Er ist an eine bestimmte Person gerichtet. Der private Brief enthält meist persönliche Informationen, Gefühle und Gedanken.

- Anrede: Liebe/r ...; Sehr geehrte Damen und Herren; Sehr geehrte Frau ...
- Datum
- Ich-Form
- Schlussformel: Mit freundlichen Grüßen; Bis bald; Alles Liebe; Herzliche Grüße
- Unterschrift: Deine/dein ...; Ihre/Ihr ...; der Name

Dialog

Ein Dialog ist ein Gespräch zwischen zwei oder mehreren Partnern.

- Rede und Gegenrede wechseln sich ab.
- Fragen und Antworten sowie Ausrufe kommen vor.
- Die Sätze können abbrechen oder unvollständig sein.
- Bei einer **Theaterszene** sind auch Regieanweisungen eingebaut, in denen **Gestik** und **Mimik** sowie Handlungen der Figuren beschrieben werden, z. B.:
  Sie geht schweigend an den Schreibtisch und öffnet die Schublade.
  Sein Gesicht ist schmerzverzerrt, er hebt die Hände an den Kopf.

Eine Theaterszene enthält auch die Beschreibung der **Kulissen.**
Typisch ist die dramatische oder komische Zuspitzung der Handlung.

Innerer Monolog

Im inneren Monolog spricht eine Figur zu sich selbst. Der innere Monolog gibt den Bewusstseinszustand der Figur wieder, ihre Gedankensprünge, ausführliche Erinnerungen, Wahrnehmungen (auch Details), Empfindungen.

- Ich-Form
- nur direkte Rede
- kein Erzähler
- Präsens
- lockerer Satzbau, unvollständige oder abgebrochene Sätze
- mündlicher Sprachgebrauch, Umgangssprache

Tagebucheintrag

Tagebucheinträge werden in regelmäßigen Abständen und in zeitlicher Folge niedergeschrieben. Es sind private Aufzeichnungen, die nicht für andere bestimmt sind. Sie enthalten Persönliches, Erlebnisse und Kommentare zum Zeitgeschehen.

- Datum
- Ich-Form
- Präteritum (Imperfekt)
- überwiegend Hochsprache
- inhaltlich: Gefühle, Wünsche, Gedanken werden ganz unverhüllt geäußert.

Ich-Erzählung

Ein/e Ich-Erzähler/in berichtet von Ereignissen, an denen er/sie direkt beteiligt ist.

- Ich-Form und Ich-Erzählperspektive
- Präteritum (Imperfekt)

TIPP

Zur Ich-Erzählform und Ich-Erzählperspektive siehe Seite 56.

Stilmittel

Stilmittel	Beschreibung	Beispiel
Alliteration, die (auch Stabreim, der)	Aufeinanderfolgende Wörter beginnen mit den gleichen Buchstaben.	*bei Wind und Wetter* *Fischers Fritz fischt frische Fische.*
Anapher, die	Wiederholung des Anfangswortes bei aufeinanderfolgenden Sätzen, Versen oder Strophen.	*Er schaut nicht die Felsenriffe, /* *Er schaut nur hinauf …*
Ellipse, die	Verknappung von Äußerungen durch das Weglassen von Wörtern. Die Sätze sind dann unvollständig. Die Ellipse wird oft bei emotional erregtem Sprechen eingesetzt.	*Ich und feige! Wer? Wer wagt es?* *Umsonst!* *Gesagt, getan.*
Enjambement, das (auch Zeilensprung, der)	Übergreifen des Satzes auf die nächste Verszeile. Am Ende einer Gedichtzeile (eines Verses) wird beim Sprechen keine Pause gemacht, da der Vers sonst keinen sinnvollen Einschnitt bildet.	*Es färbt mit abendzarten/* *Pastellen Zaun und Haus*
Ironie, die	Mittel des Spotts. Ein Sachverhalt wird durch sein Gegenteil ausgedrückt.	*Schöne Bescherung!* *Sie waren klug wie ein Stück Holz.*
Lautmalerei, die	Ein Wort ahmt den Ton oder Bewegungscharakter der Sache nach, für die es steht. Das Wort klingt dadurch wie das, was es bezeichnet. Durch Lautmalerei wird die Ausdruckskraft eines Wortes verstärkt.	Wörter wie *klirren, knistern, knacken, zischen, wiegen;* aber auch Wörter, die für Tieräußerungen stehen, z. B. *Kikeriki, miau*
Leitmotiv, das	Dinge, Handlungen oder Themen kehren in einem Text immer wieder und bilden so ein verbindendes Element.	*Die Augen* in E.T.A. Hoffmanns Erzählung „Der Sandmann" sind ein Leitmotiv. Sie kommen immer wieder vor.
Metapher, die	Ein bildhafter, im übertragenen Sinne gebrauchter Ausdruck, „verkürzter Vergleich" (Vergleich ohne Vergleichswort). Bekannte Wortbedeutungen werden in neuen Zusammenhängen verwendet.	*die Katze im Sack kaufen* *Ein Buch muss die Axt sein für das gefrorene Meer in uns.* (Franz Kafka)
Personifikation, die	Vermenschlichung von Leblosem oder von Tieren und Naturerscheinungen	*Die Sonne sah hinter den Wolken hervor.*
rhetorische Frage, die	Eine Scheinfrage, auf die keine Antwort erwartet wird.	*Wollen wir nicht alle das Beste?*
Symbol, das	Bestimmte bildhafte Zeichen haben einen festgelegten Sinn. Sie drücken eine komplexe Bedeutung oder Grunderfahrung aus.	*Herz* als Symbol der Liebe *Taube* als Symbol des Friedens
Vergleich, der	Zwei unterschiedliche Dinge werden aufeinander bezogen. Vergleiche enthalten das Wort „wie" oder „als". Durch Vergleiche wird die Anschaulichkeit verstärkt.	*Er ist stark wie zehn Pferde.* *Sie ist schlauer als ein Fuchs.*

Abschlussprüfung

Prüfungsbeispiel: Sachtext

Aufgaben zur Überprüfung der Lesekompetenz

1 *Lies den Text und das Diagramm aufmerksam.*

Die neue Shell-Studie zeigt eine Generation, die Gründe hat zu rebellieren – aber nicht will

Die Jugend ist, wie sie ist – und vor allem ist sie ein Kind ihrer Zeit, ein Produkt der Erziehung ihrer Eltern, der Vorbilder, die die Gesellschaft ihr geliefert hat. Wenn also 15-Jährige heute engagierter über Auslandsschuljahre, Zusatzqualifikationen und ein möglichst gutes Abitur diskutieren als über Ökologie, Feminismus oder Menschenrechte, wenn sie Politik und Parteien fernstehen, sich ihre eigene Light-Version einer Religion zusammenbasteln, den Zuzug weiterer Ausländer nach Deutschland eher ablehnen und langsam ein skeptisches Verhältnis zu den dynamischen Rentnern entwickeln, dann spricht aus ihnen keine Orakelstimme, keine höhere Weisheit. Dann spiegeln sie uns, die Erwachsenen, und die Großereignisse und sozialen Trends, die ihr wie unser Leben in den letzten Jahren bestimmt haben. Die 15. Shell-Jugendstudie, die gerade in Berlin vorgestellt wurde, befasst sich detailliert[1] mit den Perspektiven[2], den Werten und Befindlichkeiten der 15- bis 25-Jährigen. Mehr als 2500 repräsentativ[3] ausgewählte Jugendliche wurden in der Stichprobe befragt. Besonders interessante Befunde liefert die Studie zum Generationenverhältnis, zu den negativen Auswirkungen des wirtschaftlichen Klimas auf das Lebensgefühl der jungen Leute und zu der wachsenden Gruppe von Jugendlichen mit schwerwiegenden psychischen[4] und sozialen Problemen.

[...] Die Shell-Studie verengt das Bild freilich nicht auf Problemgruppen, sondern eröffnet eine Art Vogelperspektive auf die gesamte jüngere Generation. Und die sieht ihre persönliche Zukunft immer noch zur Hälfte optimistisch. Allerdings haben die Globalisierungs- und die radikalen Reformdebatten auch bei den Jugendlichen ihre Spuren hinterlassen. Mehr als zwei Drittel fürchten sich heute vor Arbeitslosigkeit (2002: 55 Prozent). [...]

Die latenten[5] Ängste führen bei den jungen Menschen im Alltag nicht zu Renitenz[6] und Auflehnung, sondern vor allem zu Anpassung und extremer Leistungsorientierung, Fleiß, Zuverlässigkeit, Höflichkeit und Pünktlichkeit, [...]. „Man sieht eine Generation, die alle Erwartungen der Gesellschaft nach Verantwortung, Leistungsbereitschaft und Familiensinn erfüllt", bilanzieren[7] die Verfasser der Shell-Studie: „Unbekümmertheit und Unbeschwertheit – nach Definition der Jugendlichen ‚eigentlich' ein Kennzeichen der Jugendphase – sind wenig zu spüren." [...]

Eine fatale Reaktion auf die Arbeitsplatzknappheit in Deutschland sei die geradezu unverantwortliche Verlängerung der Ausbildungszeiten gewesen: Man habe die Jugendlichen in den Bildungseinrichtungen geparkt und es dauere immer länger, bis Berufseinstieg, Auszug aus dem Elternhaus und eigene Kinder den Schritt in die Erwachsenenwelt dokumentierten. „Und das in einer Zeit, in der die Kindheit zugleich immer kürzer wird, die Pubertät häufig schon mit zehn oder elf Jahren einsetzt", betont der Jugendforscher Hurrelmann. Erschwerend komme noch die auffällige „Juvenalisierung[8]" der Erwachsenen hinzu, sprich: Eltern werden ihren Kindern immer ähnlicher. „Die Tochter kommt mit einer provokanten Frisur nach Hause und die Mutter fragt nach der Adresse des Friseurs, statt sich aufzuregen. Wie soll sich das Mädchen da abgrenzen?"

Die notwendige Spannung zwischen den Generationen sei fast verschwunden, sagt Hurrelmann, 70 Prozent der Jugendlichen würden zum Beispiel ihre Kinder genau so erziehen wollen, wie die eigenen Eltern dies getan hätten. „Das klingt harmonisch, ist aber eigentlich zutiefst beunruhigend. Die Alten rücken den Jungen dermaßen auf den Pelz, dass die kaum noch Luft zum Atmen haben." [...]

Susanne Gaschke

1 ***detailliert:*** *ausführlich*
2 ***die Perspektive:*** *die Aussicht*
3 ***repräsentativ:*** *den Querschnitt widerspiegelnd*
4 ***psychisch:*** *seelisch*
5 ***latent:*** *im Verborgenen vorhanden*
6 ***die Renitenz:*** *der Widerstand gegen Druck*
7 ***bilanzieren:*** *zusammenfassend darstellen*
8 ***die Juvenalisierung:*** *die Verjüngung*

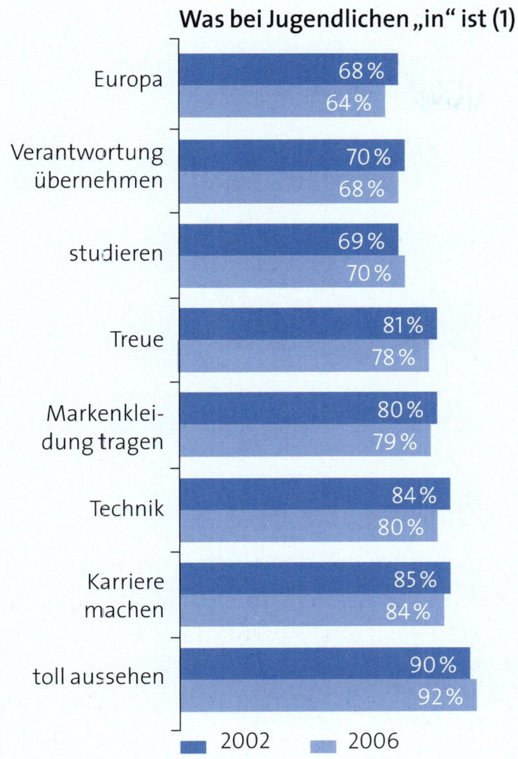

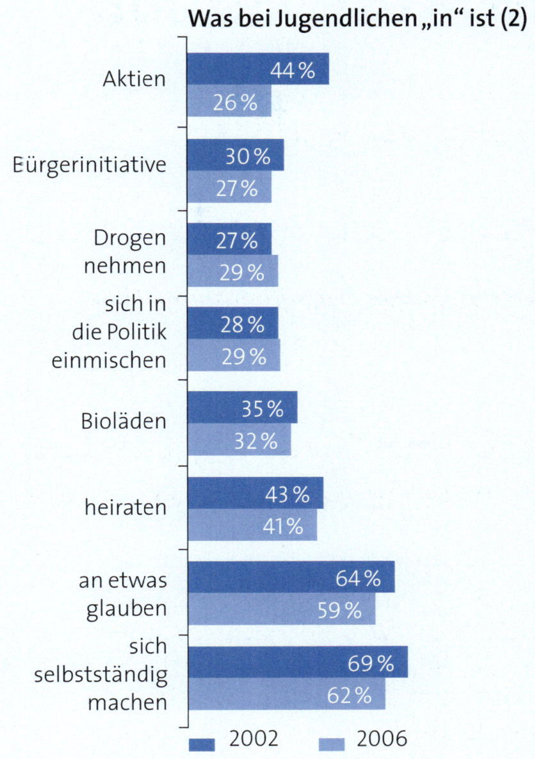

2 *Kreuze jeweils die richtige Aussage an. Achtung: Es gibt nur eine richtige Antwort.*

1 Wie sehen die Jugendlichen ihre Zukunft?

☐ zu knapp der Hälfte pessimistisch
☐ zu gut der Hälfte optimistisch
☐ zu zwei Dritteln pessimistisch
☐ zur Hälfte optimistisch

2 Wer wird in der Shell-Studie befragt?

☐ 15-Jährige
☐ Jungen zwischen 15 und 25 Jahren
☐ Jugendliche zwischen 15 und 25 Jahren
☐ junge Erwachsene

3 Wer wird in diesem Artikel in direkter Rede zitiert?

☐ die Jugendlichen
☐ der Jugendforscher Hurrelmann und die Verfasser der Shell-Studie
☐ die Autorin
☐ der Jugendforscher Hurrelmann

4 Die Ängste der Jugendlichen führen zu ...

☐ Renitenz und Auflehnung.
☐ Unbeschwertheit und Unbekümmertheit.
☐ langen Ausbildungszeiten.
☐ Leistungsorientierung und Fleiß.

3 *Entscheide, welche der folgenden Aussagen richtig oder falsch sind.*

	Aussagen	**richtig**	**falsch**
a)	Viele der Befragten engagieren sich politisch.	☐	☐
b)	Der Text enthält direkte und indirekte Rede.	☐	☐
c)	Jugendliche legen heute größeren Wert auf ihre Ausbildung.	☐	☐
d)	Seit 2002 ist die Angst vor der Arbeitslosigkeit gesunken.	☐	☐
e)	Das Verhältnis der Jugendlichen zu ihren Eltern hat sich verbessert.	☐	☐

4 *Erkläre die Formulierungen mit eigenen Worten.*

a) Light-Version einer Religion: ______________________________

b) eine Vogelperspektive auf die gesamte jüngere Generation: ______________________________

____

5 *Warum können die Verfasser ihre Studie als „repräsentativ“ bezeichnen? Erkläre.*

____

____

____

6 *Markiere in dem folgenden Textausschnitt Meinungsäußerungen bzw. Wertungen der Autorin.*

Die 15. Shell-Jugendstudie, die gerade in Berlin vorgestellt wurde, befasst sich detailliert mit den Perspektiven, den Werten und Befindlichkeiten der 15- bis 25-Jährigen. Mehr als 2500 repräsentativ ausgewählte Jugendliche wurden in der Stichprobe befragt. Besonders interessante Befunde liefert die Studie zum Generationenverhältnis [...].

7 *Welche Möglichkeiten nutzt die Autorin, um die Meinungen anderer wiederzugeben? Belege deine Antwort mit zwei Textzitaten.*

____

____

____

____

____

____

____

____

8 *Ist der Text im Schwerpunkt darstellend, wertend oder appellierend? Begründe deine Antwort.*

____

____

____

____

9 *Jemand behauptet:*

Daran, dass die jüngere mit der älteren Generation harmonisch unter einem Dach lebt, kann ja wohl nichts Schlechtes sein.

Notiere mit Hilfe des Textes ein Gegenargument.

____

____

____

10 *Ein thematischer Aspekt des Artikels ist das Zusammenleben der Generationen. Nenne stichpunktartig weitere Aspekte.*

____

____

11 *Was ist bei Jugendlichen 2006 „out"? Sieh dir das Diagramm genau an und notiere die vier niedrigsten Werte.*

____

____

12 *Notiere zwei Aussagen des Textes, die sich mit Hilfe des Diagramms stützen lassen.*

____

____

____

Aufgaben zur Überprüfung der Schreibkompetenz

Planen

1 *Ergänze die Mind-Map zum Thema „Jugend 2006“.*

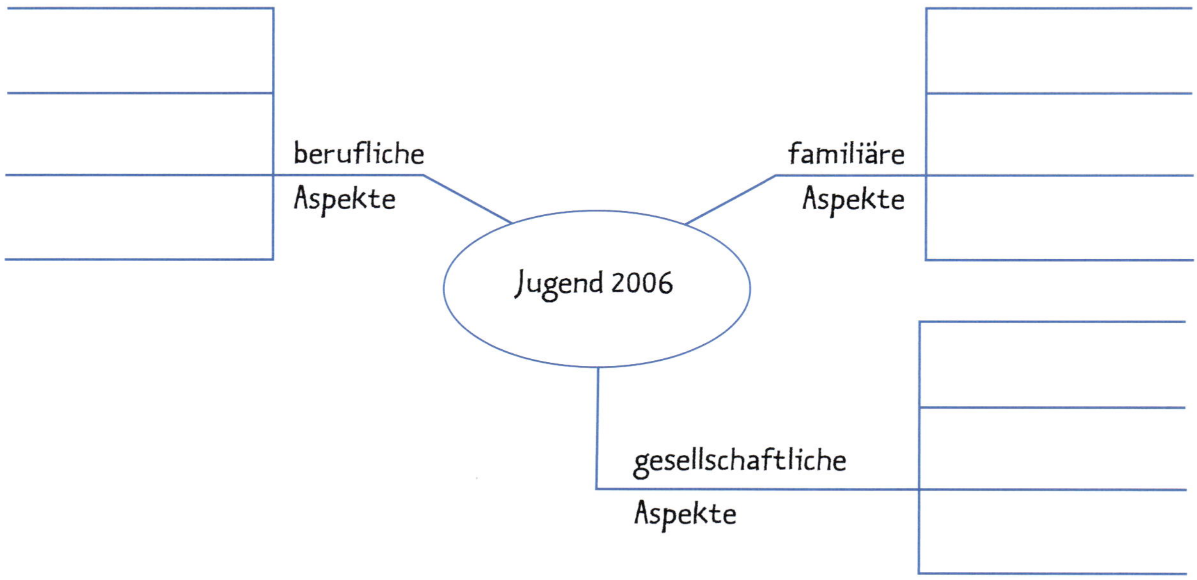

Schreiben

2 *Führe für den Hauptteil einer Erörterung den „gesellschaftlichen Aspekt“ näher aus. Beziehe dabei passende Informationen des Diagramms mit ein. Arbeite in deinem Heft.*

3 *Fasse für den Schlussteil einer Erörterung die Ergebnisse der Shell-Studie noch einmal knapp zusammen und nimm anschließend persönlich Stellung.*
Arbeite in deinem Heft. Schreibe nicht mehr als eine halbe Seite.

Überarbeiten

4 *Verbessere die Wortwahl in dem folgenden Satz aus einer Stellungnahme.*
Begründe anschließend kurz, warum du die Verbesserungen vorgenommen hast.

Wenn immer mehr Teens keine Lust darauf haben, ihre Zeit zu vertrödeln, anstelle sich auf den Beruf vorzubereiten, kann ich das gut verstehen.

Begründung:

Aufgaben zur Überprüfung der Sprachkompetenz

1 *Setze den folgenden Textausschnitt in die indirekte Rede.*

„Man sieht eine Generation, die alle Erwartungen der Gesellschaft nach Verantwortung, Leistungsbereitschaft und Familiensinn erfüllt", bilanzieren die Verfasser der Shell-Studie: „Unbekümmertheit und Unbeschwertheit – nach Definition der Jugendlichen ‚eigentlich' ein Kennzeichen der Jugendphase – sind wenig zu spüren."

____

____

____

____

____

____

____

2 *In welchem Satz nimmt der Autor eine Wertung vor? Kreuze an und begründe.*

☐ In der gestrigen Podiumsdiskussion hat Herr X mit Nachdruck darauf bestanden, dass die Zustände nicht länger hinnehmbar seien.

☐ Die gestrige Podiumsdiskussion hat unterstrichen, dass wir die Zustände nicht länger hinnehmen können.

Begründung: ______________________________

____

____

____

3 *Bestimme Subjekt, Prädikat und Objekt in dem folgenden Satz.*

„Dann spiegeln sie uns, die Erwachsenen, und die Großereignisse und sozialen Trends, die ihr wie unser Leben in den letzten Jahren bestimmt haben."

Subjekt: ______________________________

Prädikat: ______________________________

Objekt: ______________________________

Prüfungsbeispiel: Lyrischer Text

Aufgaben zur Überprüfung der Lesekompetenz

1 *Lies das Gedicht aufmerksam.*

Theodor Storm (1817–1888)
Die Stadt

Am grauen Strand, am grauen Meer
Und seitab liegt die Stadt;
Der Nebel drückt die Dächer schwer,
und durch die Stille braust das Meer
Eintönig um die Stadt.

Es rauscht kein Wald, es schlägt im Mai
Kein Vogel ohn Unterlass;
Die Wandergans mit hartem Schrei
Nur fliegt in Herbstesnacht vorbei,
Am Strande weht das Gras.

Doch hängt mein ganzes Herz an dir,
Du graue Stadt am Meer;
Der Jugend Zauber für und für
Ruht lächelnd doch auf dir, auf dir,
Du graue Stadt am Meer.

(1852)

2 *Kreuze jeweils die richtige Antwort an.*
Achtung: Es gibt immer nur eine richtige Antwort.

1 Welche Aussage über die Stadt ist zutreffend?

- ☐ Sie liegt am Wald.
- ☐ Sie liegt am blauen Meer.
- ☐ Sie liegt im Nebel.
- ☐ Sie liegt am hellen Strand.

2 Welche Aussage über das lyrische Subjekt trifft zu?

- ☐ Das lyrische Subjekt ist ein Jugendlicher.
- ☐ Das lyrische Subjekt ist Theodor Storm.
- ☐ Das lyrische Subjekt ist ein kleiner Junge.
- ☐ Das lyrische Subjekt ist ein Erwachsener.

3 Welche Aussage bezieht sich auf die Klangebene?

- ☐ Das lyrische Subjekt hört den Schrei der Wandergans.
- ☐ Das Metrum hebt wichtige Wörter hervor.
- ☐ Das lyrische Subjekt spricht über eine Stadt am Meer.
- ☐ Das Bild vom Nebel auf den Dächern wirkt bedrückend.

4 Welches Metrum hat das Gedicht?

- ☐ Jambus
- ☐ Daktylus
- ☐ freier Rhythmus
- ☐ Trochäus

3 *Entscheide, welche der folgenden Aussagen zum Gedicht richtig oder falsch sind. Kreuze an.*

Aussagen	**richtig**	**falsch**
a) Das lyrische Subjekt sagt, dass die Stadt eintönig ist.	☐	☐
b) Das lyrische Subjekt hat Jugenderinnerungen an die graue Stadt.	☐	☐
c) Im Gedicht gibt es Enjambements.	☐	☐
d) Innerhalb des Gedichtes ändert sich die Form des lyrischen Subjekts vom gestaltlosen lyrischen Subjekt zum lyrischen Ich.	☐	☐

4 *Ordne den Reimformen das richtige Reimschema zu.*
Setze den entsprechenden Buchstaben in die rechte Spalte.
Beachte, dass jeder Form nur ein Schema zugeordnet werden kann.

Kreuzreim	______
Paarreim	______
umarmender Reim	______

a) aabbcc b) abcba c) abba d) abab

5 *Schreibe vier sinntragende Wörter/Wortgruppen aus dem Gedicht heraus, mit denen der Dichter eine bedrückende Stimmung erzeugt.*

6 *Wie stellst du dir die lyrische Situation vor? Gib in je einem Stichpunkt an,*
- ***wer** das lyrische Subjekt sein könnte,*
- ***wo** es sich gerade befinden könnte,*
- ***was** es gerade machen könnte.*

7 *Die folgenden Sätze sind einem Interpretationsaufsatz entnommen.*

„Durch den Vergleich der ersten mit der dritten Strophe wird die Sprechabsicht des lyrischen Subjekts deutlich: Es will die tiefe Liebe zu seiner Heimatstadt ausdrücken. Das gelingt ihm besonders dadurch, dass …“

Wie könnte der Schreiber des Aufsatzes seine Aussage begründen? Notiere eine mögliche Begründung.

Aufgaben zur Überprüfung der Schreibkompetenz

Einen Tagebucheintrag planen, schreiben und überarbeiten:
Im Rahmen eines Tagebuch-Projekts zu verschiedenen Gedichten sollst du dich mit Theodor Storms „Die Stadt" beschäftigen. Aus der Perspektive des lyrischen Subjekts sollst du über das im Gedicht Dargestellte schreiben. Was hat das lyrische Subjekt an diesem Tag erlebt, gedacht, gefühlt?

Planen

1 *Beim Schreiben eines Tagebuchs sind sprachliche und gestalterische Normen zu beachten. Entscheide, ob die folgenden Aussagen richtig oder falsch sind. Kreuze entsprechend an.*

Aussagen	richtig	falsch
a) Das Tempus des Tagebuchs ist das Präsens.	☐	☐
b) Die Sprache sollte sachlich und möglichst objektiv sein.	☐	☐
c) Die Sprache sollte die Gefühlslage des Schreibenden zum Ausdruck bringen.	☐	☐
d) Ein Tagebucheintrag wird in der Ich-Form geschrieben.	☐	☐

2 *Beantworte die folgenden Fragen in Stichpunkten.*

a) *Wie stelle ich mir den/die Tagebuchschreiber/in (das lyrische Subjekt) vor?*

____

____

b) *In welcher Situation und Stimmung befindet er/sie sich während des Schreibens?*

____

____

c) *Über welche Ereignisse des Tages schreibt er/sie und welche Haltung hat er/sie dazu?*

____

____

d) *Welche Gedanken und Gefühle bewegen ihn/sie?*

____

____

____

Schreiben

3 *Schreibe einen Tagebucheintrag. Entscheide dich für eine angemessene sprachliche Gestaltung. Beachte die Regeln der Grammatik und Orthografie. Zähle die Wörter.*

Überarbeiten

4 *Die folgenden Sätze aus einem Tagebucheintrag enthalten verschiedene Mängel.*

a) *Markiere die Fehler in der Zeichensetzung und der Orthografie.*

Als ich den Strand endlangging sah ich rechts die Statt liegen, obwohl der Nebel dichter wurde.

Ich dachte an meine Jugend die alles in allem doch Recht erfreulich ausgefallen war.

b) *Verbessere die Sätze sprachlich. Formuliere so, dass die Stimmung und die Gefühle des Tagebuchschreibers deutlich zum Ausdruck kommen.*

Aufgaben zur Überprüfung der Sprachkompetenz

1 *„Die Wandergans mit hartem Schrei nur fliegt in Herbstesnacht vorbei, ..." (V. 8/9).*
Welche Aussage enthält dieser Gliedsatz? Kreuze an.

☐ Nur in Herbstnächten fliegt die Wandergans an der Stadt vorbei.

☐ Nur die Wandergans fliegt in der Herbstnacht an der Stadt vorbei.

2 *Im „Thesaurus" kann man die Bedeutung eines Wortes und passende Synonyme nachschlagen.*
Zum Verb „schlagen" lassen sich verschiedene Einträge finden.
Welche Bedeutung hat das Verb „schlagen" in Vers 6?
Kreuze an. Es gibt nur eine richtige Antwort.

schlagen

Bedeutung	**Synonym**	
a) übertreffen	überholen	☐
b) puppern (= Herzklopfen)	pulsieren	☐
c) hämmern	anschlagen	☐
d) wogen	branden	☐

Begründe deine Entscheidung, indem du den folgenden Satz vervollständigst:

Eintrag ____________ ist zutreffend, denn ______________________________

____

____

3 *Unterstreiche die Attribute und die Personalpronomen mit verschiedenen Farben.*

Doch hängt mein ganzes Herz an dir,
Du graue Stadt am Meer;
Der Jugend Zauber für und für
Ruht lächelnd doch auf dir, auf dir,
Du graue Stadt am Meer.

4 *Formuliere den Satz so um, dass er im Passiv steht.*

Der Nebel drückt die Dächer schwer.

____

____

____

Prüfungsbeispiel: Epischer Text

Aufgaben zur Überprüfung der Lesekompetenz

1 *Lies den Text aufmerksam.*

Bert Losse: „Der Junge“

Der Junge liegt auf seinem Bett und träumt. Er schläft nicht, nein, er träumt nur. Die Tür ist geschlossen, die schweren Vorhänge der Fenster sind zugezogen. Gedämpfte Laute dringen ins Zimmer. Ein Hund bellt. Ein Auto fährt vorbei. Vor dem Haus Gemurmel. Der Junge liegt mit geschlossenen Augen auf seinem Bett, hört die Geräusche und hört seinen Atem. Er erinnert sich.

Sonntags hatte er meist Fußball gespielt; er war ein ganz passabler Libero gewesen. Das fand auch sein Trainer. Nach den Spielen hatte die Mannschaft oft gefeiert und feixend von der Zukunft in der Bundesliga geredet. Na ja, denkt der Junge. Andere Dinge fallen ihm ein. Die vielen Ausflüge, die Radtouren mit seinen Freunden, die Nachmittage am See, die Abende in der Stadt. Der Junge war oft ausgegangen.

Irgendwann hatte er dabei auch das Mädchen getroffen. Der Junge freut sich, als er an sie denkt. Das Mädchen hatte Sommersprossen und ein helles Lachen. Das hat er immer besonders gern gehabt.

Dem Jungen fällt wieder alles ein. Wie er mit seinem besten Freund durch den Wald gestreunt ist. Wie sie heimlich ihr erstes Bier getrunken haben. Wie sie sich gemeinsam über ihre Lehrer ärgerten. Die Feten im Partykeller fallen ihm ein, der Sommerurlaub in Italien, sein erstes Mofa und das Dire-Straits-Konzert, der erste Platz im 100-Meter-Lauf beim Schulsportfest, die Kinovorstellung, in der er zappelig vor Aufregung dem Mädchen den Arm um die Schultern gelegt hat. Der Junge träumt von all diesen Stunden, diesen vielen lustigen, glücklichen Stunden, der unbeschwerten Fröhlichkeit dieser Zeit. Lange Zeit träumt er so und lächelt ein bisschen.

Dann geht die Tür auf. Die schweren Vorhänge werden auseinandergezogen, die Fenster geöffnet. „Essen“, sagt ein junger Mann freundlich. Er tritt ans Bett und greift dem Jungen unter die Arme und Oberschenkel. Er hebt ihn aus dem Bett. „Hunger?“, fragt der Mann, ohne eine Antwort zu erwarten. Dann schiebt er den Jungen aus dem Zimmer. Als sie über die Türschwelle fahren, quietschen die Gummireifen des Rollstuhls leise. Der Junge träumt nun nicht mehr. Jetzt weint er.

2

Kreuze jeweils die richtige Antwort an.
Achtung: Es gibt nur eine richtige Antwort.

1 Wo liegt der Junge?

- ☐ in seinem Kinderzimmerbett
- ☐ in einem Krankenhausbett
- ☐ in seinem Jugendzimmerbett
- ☐ in einem Notarztwagen

2 Woran denkt der Junge während seiner Tagträume hauptsächlich?

- ☐ an seine Vergangenheit
- ☐ an seine Zukunft
- ☐ an die Gegenwart
- ☐ an nichts Bestimmtes

3 Was mochte der Junge an seiner Freundin ganz besonders?

- ☐ ihre Sommersprossen
- ☐ ihre Freude an Kinofilmen
- ☐ ihre lustige, glückliche und unbeschwerte Art
- ☐ ihr helles Lachen

4 Was ist in dem Zimmer zu hören?

- ☐ gedämpfte Laute, Hundebellen, ein Auto, Gemurmel
- ☐ gedämpfte Laute, Hundebellen, Verkehr, Gemurmel
- ☐ entfernte Laute, Hundebellen, Verkehr, Gemurmel
- ☐ entfernte Laute, Hunde, ein Auto, Geflüster

5 Wie wird der Junge in den Speisesaal transportiert?

- ☐ auf den Armen eines Pflegers
- ☐ in einem Rollbett
- ☐ gar nicht, er nimmt sein Essen in seinem Zimmer ein
- ☐ in einem Rollstuhl

3

Entscheide, welche der folgenden Aussagen richtig oder falsch sind.
Kreuze an.

	Aussagen	richtig	falsch
a)	Die Geschichte wird durchgängig im Präsens erzählt.	☐	☐
b)	Der Junge erinnert sich an einen Spanienurlaub.	☐	☐
c)	Beim 100-Meter-Lauf war er der Erste.	☐	☐
d)	Das Mädchen besucht ihn im Krankenhaus.	☐	☐
e)	Der Pfleger erwartet keine Antwort auf seine Frage.	☐	☐

4 *Ordne die Tätigkeiten und Vorstellungen des Jungen den Zeitebenen zu. Beachte, dass jeweils nur eine Tätigkeit bzw. Vorstellung zugeordnet werden darf. Setze den entsprechenden Buchstaben in die rechte Spalte ein.*

1. Vergangenheit	______
2. Gegenwart	______
3. Zukunft	______

a) Er spielt Bundesligafußball.
b) Er heiratet.
c) Er weint.
d) Er trinkt heimlich Bier.

5 *Der Autor verwendet verschiedene sprachliche Mittel. Ordne sie den Textbeispielen zu. Beachte, dass jedem Textbeispiel nur ein sprachliches Mittel zugeordnet werden darf. Setze den entsprechenden Buchstaben in die rechte Spalte ein.*

1. „Wie er mit seinem besten Freund durch den Wald gestreunt ist. Wie sie heimlich ihr erstes Bier getrunken haben. Wie …"	______
2. „Vor dem Haus Gemurmel."	______
3. „Die Feten im Partykeller fallen ihm ein, der Sommerurlaub in Italien, sein erstes Mofa."	______

a) Ellipse
b) Anapher
c) Vergleich
d) Aufzählung

6 *Welche der folgenden Skizzen stimmt mit den Aussagen des Textes überein? Kreuze an.*

A ☐

B ☐
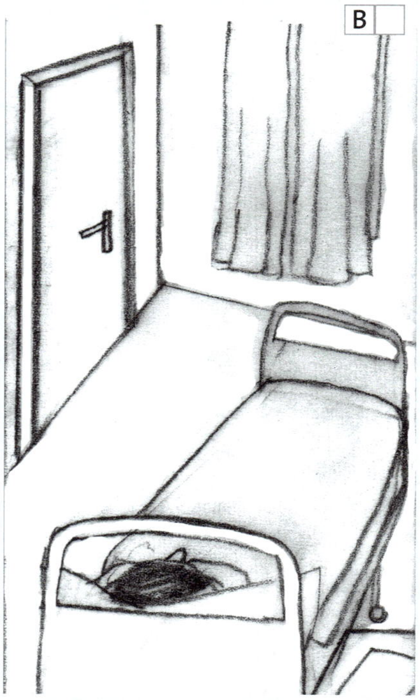

C ☐
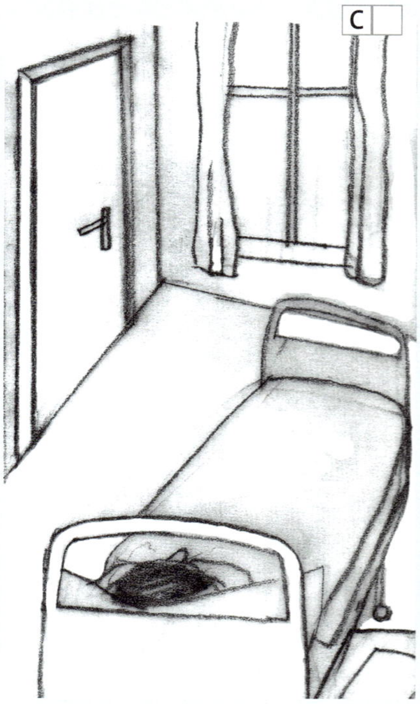

7 *Welches Bild entspricht dem Aufbau der Geschichte? Begründe deine Entscheidung.*

8 *Gibt es in dieser Kurzgeschichte einen Wendepunkt? Zitiere eine Textstelle und begründe kurz.*

9 *Nenne einen möglichen Grund für den Krankenhausaufenthalt des Jungen.*

10 *Jemand trifft die folgende Aussage zu dem Text: Welche Textstellen könntest du zitieren, um diese Aussage zu entkräften? Zitiere zwei Textstellen.*

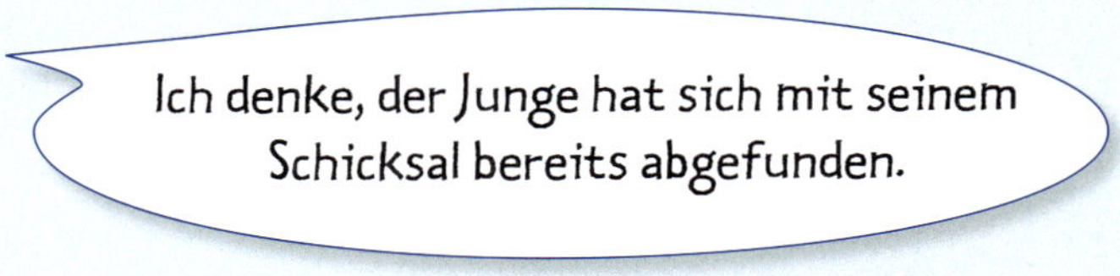

11 *Welche der beiden Überschriften passt besser zum Thema der Geschichte? Begründe deine Ansicht.*

Jetzt erst recht! **Geplatzte Träume**

Aufgaben zur Überprüfung der Schreibkompetenz

Schreiben

1 *Stell dir vor, der Junge erhält die folgende Postkarte von seiner Freundin:*

> Lieber ...,
>
> es tut mir leid, dass ich es in den letzten Wochen einfach nicht geschafft habe, bei dir vorbeizuschauen. Immer war irgendwas: Schule, Freunde, Sport. Na ja, du kennst das ja ...
> Wie geht es dir denn? Was machst du die ganze Zeit? Bitte, antworte doch kurz.
>
> In Eile deine ...

Verfasse in deinem Heft den Antwortbrief des Jungen. Schreibe etwa ein halbe Seite.
Beachte dabei Folgendes:
- *Schreibe aus der Perspektive des Jungen.*
- *Beachte die formalen Vorgaben für einen persönlichen Brief.*
- *Beantworte mit Hilfe des Textes die Frage: „Wie geht es dir?“*
- *Beantworte mit Hilfe des Textes die Frage: „Was machst du?“*
- *Nimm zum Schluss aus der Sicht des Jungen Stellung zum Verhalten der Freundin.*
- *Achte auf die Regeln der Grammatik und Orthografie.*

Überarbeiten

2 *Im folgenden Satz gibt es*
- *drei Fehler in der Rechtschreibung,*
- *einen Fehler in der Zeichensetzung,*
- *einen Grammatikfehler.*

Markiere die Fehler und schreibe den Satz korrekt auf.

Seiddem ich in diesem Bett liege versuche ich unentwegt, in meinem Treumen zu leben und nicht mer aufzuwachen.

Aufgaben zur Überprüfung der Sprachkompetenz

1 *Bestimme die Zeitformen der markierten Verben.*

Dem Jungen **fällt** wieder alles ein. Wie er mit seinem besten Freund durch den Wald **gestreunt ist**. Wie sie heimlich ihr erstes Bier **getrunken haben**. Wie sie sich gemeinsam über ihre Lehrer **ärgerten**.

____

____

____

2 *Kreuze an, welches Satzglied in dem folgenden Satz fehlt.*

Ein Mädchen mit Sommersprossen und hellem Lachen.

- ☐ Subjekt
- ☐ Prädikat
- ☐ Objekt

3 *Unterstreiche das Verb, das sich in beiden Sätzen in seiner Form unterscheidet.*

a) Mal wieder mit seinen Freunden durch die Nacht zu ziehen, das gefiele ihm sehr.
b) Es gefällt ihm sehr, mit seinen Freunden durch die Nacht zu ziehen.

Welcher Unterschied besteht in der Bedeutung der beiden Verbformen? Notiere.

____

____

____

4 *Unterstreiche die Adverbien, mit denen eine zeitliche Abfolge deutlich gemacht wird.*

„Lange Zeit träumt er so und lächelt ein bisschen. Dann geht die Tür auf. Die schweren Vorhänge werden auseinandergezogen, die Fenster geöffnet. „Essen", sagt ein junger Mann freundlich. Er tritt ans Bett und greift dem Jungen unter die Arme und Oberschenkel. Er hebt ihn aus dem Bett. „Hunger?", fragt der Mann, ohne eine Antwort zu erwarten. Dann schiebt er den Jungen aus dem Zimmer. Als sie über die Türschwelle fahren, quietschen die Gummireifen des Rollstuhls leise. Der Junge träumt nun nicht mehr. Jetzt weint er."

Die Grundlage für dieses Heft wurde erarbeitet von Melanie Glier, Alexandra Lange, Marion Höfner, Wolfgang Linke, Birka Schmittke und Viola Tomaszek.

Textquellen

1. Nicht fiktionale Texte

S. 9: „Ich freue mich ...", aus: Leserbrief von Marcel Vormann, in: Stern, 09.06.2004, Nr. 25, S. 17
S. 9: „Die Pfefferminze ist ...", aus: Märkische Oderzeitung, 15. Jg., 11.06.2004, Nr. 134, S. 1
S. 9: „Nicht körperliche ...", Leserbrief von Sigrid Wissing, in: Stern, 09.06.2004, Nr. 25, S. 17
S. 9: „Der Verlust historischer ...", aus: „Brüserer Geschichte – Sie können helfen", in: National Geographic, Juli 2003, S. 8
S. 11: „Technik kann auch Ängste mindern" von Lynne Warren, aus: National Geographic, Juli 2003, S. 154
S. 12: „Wieder zwei Beispiele ..." aus: „Erst Reform, dann K-Frage" von Helmut Markwort, in: Focus, 2003, Nr. 45, S. 3
S. 15–16: „Ins Lid gerammt" von Jan Schweitzer, in: Der Spiegel, 2001, Nr. 6, S. 210 [gekürzt]
S. 16: „Finden Sie Tätowierungen und Piercings attraktiv?" Ifak Institut, u. a. © statista.org 2008, aus: http://de.statista.org/statistik/diagramm/studie/35458/umfrage/attraktivitaetsempfinden-bei-taetowierungen-und-piercungs
S. 70–71: „Die neue Shell-Jugendstudie zeigt eine Generation, die Gründe hat zu rebellieren – aber nicht will" von Susanne Gaschke, aus: DIE ZEIT, 21.09.2006, Nr. 39
S. 71: „Was bei Jugendlichen ‚in' ist", aus: http://www.paed.uni-muenschen.de/-paed/paed2/lehre/WiSeo607/Eckert/Vorlesung_18_12.pdf

2. Fiktionale Texte

S. 26: Louis Fürnberg: Spätsommerabend, in: ders.: Gesammelte Werke in sechs Bänden, Bd. 2, Aufbau-Verlag, Berlin und Weimar 1965, S. 202
S. 29: Joseph von Eichendorff: Meeresstille, in: Eichendorffs Werke in einem Band, Bibliothek deutscher Klassiker, Aufbau-Verlag, Berlin und Weimar 1980, S. 116
S. 29 und 36: Johann Wolfgang von Goethe: Meeresstille, in: ders.: Gedichte, kommentiert v. Erich Trunz, C. H. Beck Verlag, München 1994, S. 242
S. 29: Erich Kästner: Das Eisenbahngleichnis, in: ders.: Doktor Erich Kästners lyrische Hausapotheke, ungekürzte und mit der Erstausgabe von 1936 verglichene Ausgabe, Deutscher Taschenbuch Verlag München, [10]1997, S. 13
S. 35: Bertolt Brecht: Von der Freundlichkeit der Welt, in: ders.: Werke in fünf Bänden, Bd. 3, Aufbau-Verlag, Berlin und Weimar 1973, S. 43
S. 35: Günter Eich: Dezembermorgen, in: ders.: Gesammelte Werke in vier Bänden, Bd. 1, Suhrkamp Verlag, Frankfurt am Main 1991, S. 49
S. 35: Heinrich Heine: Ein Jüngling liebt ein Mädchen, in: ders.: Sämtliche Gedichte in zeitlicher Folge, hrsg. v. K. Briegleb, Insel Verlag, Frankfurt am Main 1993, S. 137
S. 35: Hermann Hesse: Alter Park, in: ders.: Die Gedichte, Insel Verlag, Frankfurt am Main 2001, S. 617
S. 36: Erich Kästner: Elegie nach allen Seiten, in: ders.: Doktor Erich Kästners lyrische Hausapotheke, ungekürzte und mit der Erstausgabe von 1936 verglichene Ausgabe. Deutscher Taschenbuch Verlag München 1997.
S. 36: Johann Wolfgang von Goethe: Glückliche Fahrt, in: ders.: Gedichte, kommentiert v. Erich Trunz, C. H. Beck Verlag, München 1994, S. 242
S. 46–47: Günter Weisenborn: Die Aussage, in: Memorial, Desch Verlag, München 1947, S. 35–42
S. 56: Xavier de Maistre: Die Reise um mein Zimmer, Winkler Verlag, München 1968, S. 17
S. 56: Kurt Tucholsky: Frauen sind ..., in: ders.: Panter, Tiger & Co., Rowohlt Verlag, Reinbek 1990, S. 14–15
S. 56: E. T. A. Hoffmann: Der goldene Topf, Reclam Verlag, Stuttgart 1969, S. 5
S. 56: Gabriele Wohmann: Die Klavierstunde, in: dies.: Erzählungen, Langewiesche-Brandt-Verlag, Ebenhausen 1966, S. 67
S. 56: Johann Wolfgang von Goethe: Aus meinem Leben. Dichtung und Wahrheit, Erster Teil, in: ders.: Werke, Hamburger Ausgabe in 14 Bänden, hrsg. v. Erich Trunz, Deutscher Taschenbuchverlag, München 1998, Bd. 9, S. 10
S. 56: Johann Wolfgang von Goethe: Die Leiden des jungen Werther, erstes Buch, in: ders.: Werke, Hamburger Ausgabe in 14 Bänden, hrsg. v. Erich Trunz, Deutscher Taschenbuchverlag, München 1998, Bd. 6, S. 7
S. 74: Theodor Storm: Die Stadt, in: ders.: Sämtliche Gedichte in einem Band, Insel Verlag, Frankfurt am Main 2002, S. 13
S. 82: Bert Losse: Der Junge. © Bert Losse

Bildquellen

S. 7: © Dave Bartuff / CORBIS
S. 15: © reuters / CORBIS
S. 18: © Markus Matzel / Christoph & Friends, Essen

Wir danken den Rechteinhabern für die Abdruckgenehmigung. Da es uns leider nicht möglich war, alle Rechteinhaber zu ermitteln, bitten wir, sich gegebenenfalls an den Verlag zu wenden.